高等职业院校教学改革创新示范教材·计算机系列教材

U0121851

Camtasia Studio 制作微视频

任务驱动教程

陈承欢　刘　颖　编著

电子工业出版社

Publishing House of Electronics Industry

北京·BEIJING

内 容 简 介

　　微课是为学习者自主高效学习并获得最佳效果而精心制作的一种新型课程资源。Camtasia Studio 是目前行业中专业的屏幕录像和视频编辑软件，具有强大的视频播放和视频编辑功能。

　　编写本书的主要目的是讲授如何使用 Camtasia Studio 制作微视频，以制作微视频为主线，使学习者在理解知识、训练技能、积累经验的过程中逐步掌握制作微视频的技巧。本书由浅入深地划分为 10 个教学单元：Camtasia Studio 简介与生成视频、编辑视频与运用标记、录制视频与幻灯片、编辑与美化音频、添加转场与动画效果、灵活应用注释、添加与编辑字幕、添加与设置视觉效果、添加行为效果和指针效果、实现交互功能。每个教学单元划分为 4 个环节：知识梳理、操作体验、应用实战、自主训练。

　　本书可以作为各类院校 Camtasia Studio 制作微视频的教材，也可以作为 Camtasia Studio 制作微视频的培训教材或参考书。

图书在版编目（CIP）数据

Camtasia Studio 制作微视频任务驱动教程 / 陈承欢，刘颖编著. —北京：电子工业出版社，2020.3
ISBN 978-7-121-38592-6

Ⅰ．①C… Ⅱ．①陈… ②刘… Ⅲ．①多媒体课件－制作－高等学校－教材 Ⅳ．①G436

中国版本图书馆 CIP 数据核字（2020）第 032620 号

责任编辑：底　波
印　　刷：北京七彩京通数码快印有限公司
装　　订：北京七彩京通数码快印有限公司
出版发行：电子工业出版社
　　　　　北京市海淀区万寿路 173 信箱　邮编 100036
开　　本：787×1 092　1/16　印张：13.75　字数：352 千字
版　　次：2020 年 3 月第 1 版
印　　次：2020 年 3 月第 1 次印刷
定　　价：45.00 元

前言

近年来，随着移动互联网的迅猛发展，出现了很多"微"概念，互联网进入了"微时代"，微信、微博、微店、微课、微电影、微视频等形式风起云涌，以超乎人们想象的速度迅速流行起来。微时代鼓励教师用更加简明生动的方式传授知识，节约课堂讲授时间，将更多时间聚焦在对学生的问题解决、知识应用和技能生成上；学习者可以根据自身需求自主学习。学习者急需一种支持翻转学习、混合学习、泛在学习的新型数字化学习资源，帮助其从容应对信息超载、知识碎片化和自我更新的严峻挑战。

数字化学习资源的建设者也急需更新换代，从以冗长乏味的课堂实录教学视频和常规多媒体课件为主体的资源建设模式，转向为灵活高效、可重用、"小、微、精"的资源建设新模式。而微课正是微时代视频技术的发展和延伸，因其具有平民化、短小精悍、符合网络时代学习者注意力模式等优势，能够满足网络时代学习者、教师和资源建设者的迫切需求，而成为"新宠"。

智能手机、移动平台、微课等信息化教学工具及手段使得课前、课堂、课后的学习越来越便利，提高了零散时间的利用率，但这种学习的时间也不宜太长，适合"微"内容的学习。另外，从学习者在课堂学习的注意力集中度来看，年龄不同注意力的保持时间就不一样，但是高度集中精力学习的时间一次也就在 10 分钟左右。因此，根据学习的特点，将教学内容碎片化，且跨平台的微课应运而生。在众多信息化教学资源形式中，微课以其"短、小、精"的特征，适合混合学习、泛在学习、移动学习、碎片化学习、翻转课堂等新型学习方式，迎合了时代要求和大众心理，在国内外教育领域得以快速发展。

微课（Micro Course）是为学习者自主高效学习，并获得最佳效果而精心制作的一种新型课程资源，是移动互联时代的新型教学模式和学习方式。微课以阐释某个知识点/技能点或解决某一个问题为目标，以短小的视频为表现形式，并以知识学习或教学应用为基本目的，精心设计开发的一种情境化、可视化、支持多种学习方式的数字化学习资源。

微课资源通常由微视频及其配套的教学设计、多媒体课件、练习测试、学生反馈、教师反思等构成。其中，微视频是微课资源的核心资源，备受广大师生的青睐。制作微视频的软件有很多种，Camtasia Studio 就是一款优秀的微视频编辑制作软件，其功能十分强大，且界面简约明了，操作方法快捷，使用效率高。

Camtasia Studio 是专业的屏幕录像和视频编辑软件，可以满足大部分用户的需求，用户可以方便地进行屏幕操作的录制、配音、剪辑视频、设置转场与动画、添加说明字幕和水印、制作视频封面、压缩和播放视频等操作。

Camtasia Studio 具有强大的后期处理能力，可以在录制屏幕后，基于时间轴对视频片段进行各种剪辑操作，如添加各类标记、注释、画中画、字幕特效、转场效果、旁白、声音效果、鼠标效果等，也可以导入多种文件格式的视频进行编辑操作，包括 TREC、AVI、MP4、MPG、MPEG、WMV、MOV、SWF 等。它输出的文件格式也有多种，包括 AVI、GIF、WMV、MOV 等，使用起来极其顺手。

Camtasia Studio 录像工具能在多种颜色模式下记录屏幕动作，包括光标的运动、菜单的选择、弹出窗口、层叠窗口、文字录入、解说声音和其他在屏幕上看得见的所有内容。除了屏幕录制，还能在视频录制的同时，在屏幕上画图和添加效果，以便标记出想要录制的重点内容。

编写本书的主要目的是讲授如何使用 Camtasia Studio 制作微视频，其主要特色如下。

（1）全书以使用 Camtasia Studio 软件制作微视频为主线，使学习者在理解知识、训练技能、积累经验的过程中逐步掌握制作微视频的技巧。

（2）主要案例选用大众化的工具软件操作（文件压缩与解压缩、视频格式转换）、美景图片欣赏、知名景点介绍、安全生产法则讲解、时间管理技巧介绍等，实用性强，吸引力大，适用于多种类型的学习者。

（3）全书由浅入深地划分为 10 个教学单元：Camtasia Studio 简介与生成视频、编辑视频与运用标记、录制视频与幻灯片、编辑与美化音频、添加转场与动画效果、灵活应用注释、添加与编辑字幕、添加与设置视觉效果、添加行为效果和指针效果、实现交互功能。

（4）每个教学单元划分为 4 个环节：知识梳理、操作体验、应用实战、自主训练。

"知识梳理"环节对本单元的相关知识进行系统化梳理、条理化讲述，方便学习者自主学习和自主训练。

"操作体验"环节主要训练视频编辑制作的基本技能，对基本操作步骤和操作要点、基本实现方法和实现要领进行训练，不涉及过多的操作技巧，主要对相关知识加深理解。

"应用实战"环节围绕真实视频录制与编辑处理任务，对提供的图片、音频、视频等素材进行视频录制、编辑处理等操作，解决学习者在实际操作过程中可能遇到的问题，其中涉及较多的操作技巧和方法选择，可进一步提升制作微视频的能力。

"自主训练"环节提供相应的图片、音频、视频等素材，由学习者自行完成相关的视频制作任务。

本书由陈承欢和刘颖编著，颜珍平、吴献文、颜谦和、林保康、王欢燕、王姿、张丽芳、陈子轩等教师参与了部分章节的编写工作和案例的制作工作。

由于作者水平有限，书中难免存在疏漏之处，敬请专家与读者批评指正。

编者联系 QQ：1574819688。

作　者

2020 年 1 月

目录

单元 1 Camtasia Studio 简介与生成视频

本书所使用的 Camtasia Studio 为 2018 版（以下简称 Camtasia Studio），它是一款非常实用的视频制作软件，其功能强大、操作简单，并提供了从屏幕录像、摄像头录像、视频编辑、视频转换到生成发布视频等一系列功能。Camtasia Studio 支持在任何显示模式下录制屏幕图像、操作鼠标并可同步进行音频录制。录制完成后，还能运用 Camtasia Studio 内置的强大视频编辑功能对视频进行剪辑、修改和添加特殊效果等操作。

【知识梳理】

1. Camtasia Studio 的特点

Camtasia Studio 软件具有以下主要特点。

（1）操作简单，容易上手。

Camtasia Studio 软件界面简单、区域划分清晰、按钮明确、整体布局非常个性化，便于学习者学习与运用。

（2）功能强大，实用性强。

Camtasia Studio 具有录制视频、编辑视频、对音频自动降噪、音视频分离、制作视频画中画等功能。

（3）自动放大画面，保存画质清晰。

Camtasia Studio 的最大特点就是在鼠标单击的位置，即输入文本或触发事件的位置，可自动放大该区域的画面，能清晰地看到输入的文本或动作，且保存的视频文件画面质量非常好。

2. Camtasia Studio 编辑窗口的组成

Camtasia Studio 编辑窗口主要包括菜单栏、工具按钮、任务选项卡、选项卡列表、预览窗口、播放按钮、时间轴及操作按钮、属性面板，如图 1-1 所示。

图中区域 1 为菜单栏，区域 2 为工具按钮，区域 3 为任务选项卡，包括媒体、库、注释、转场、行为、动画、指针、语音、音频、视觉、交互和字幕等多种类型，区域 4 为选项卡列表，区域 5 为预览窗口（画布），区域 6 为播放按钮，区域 7 为时间轴。区域 5 的右侧还隐藏了属性面板，区域 6 的右侧有属性面板。

（1）菜单栏。

Camtasia Studio 的菜单栏包括"文件"、"编辑"、"修改"、"视图"、"分享"和"帮助"6 个菜单项。

"文件"菜单如图 1-2 所示，包括"新建项目"、"打开项目"、"保存"、"另存为"、"项目设置"和"新建录制"等命令。

"编辑"菜单如图 1-3 所示，包括"分割选定"、"分割所有"、"分割音频和视频"、"选择"、"取消选择"、"复制属性"、"粘贴属性"和"首选项"等命令。

"修改"菜单如图 1-4 所示，包括"添加动画"、"添加行为"、"添加效果"、"字幕"、"标记"和"测验"等命令。

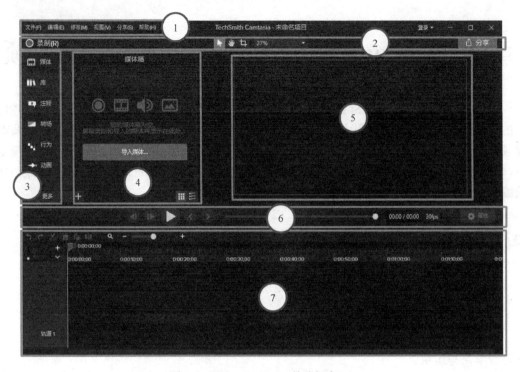

图 1-1　Camtasia Studio 的编辑窗口

图 1-2　"文件"菜单　　　图 1-3　"编辑"菜单　　　图 1-4　"修改"菜单

"视图"菜单如图 1-5 所示，包括"工具"、"显示标记轨道"、"显示测验轨道"、"画布"和"时间轴"等命令。

"分享"菜单如图 1-6 所示，包括"本地文件"、"导出帧为"、"仅导出音频"和"导出字幕"等命令。

"帮助"菜单如图 1-7 所示，包括"在线帮助"、"视频教程"、"显示欢迎窗口"和"技术支持"等命令。

图 1-5　"视图"菜单　　　　图 1-6　"分享"菜单　　　　图 1-7　"帮助"菜单

（2）工具按钮。

工具按钮位于菜单栏的下面，包括"录制"、"编辑"、"平移"、"裁剪"、"画布选项"和"分享"按钮。

单击"录制"按钮，将打开"录制工具"窗口；单击"编辑"按钮，将鼠标指针移到画布上可以对选定的对象进行编辑操作；单击"平移"按钮，将鼠标指针移到画布上，按住鼠标左键拖曳可以灵活移动画布；单击"裁剪"按钮，可以对视频画幅进行裁剪；单击"画面选项"右侧的下拉按钮，可选项包括适合窗口、25%、50%、75%、100%、200%、300%、分离画布、项目设置；单击"分享"按钮会弹出下拉列表框，可选项包括本地文件、Screencast.com、Vimeo、YouTube、Google Drive、自定义生成，其中自定义生成选项还包括新建自定义生成和添加/编辑预设选项。

（3）任务选项卡。

任务选项卡位于 Camtasia Studio 编辑窗口的左侧，包括"媒体"、"库"、"注释"、"转场"、"行为"、"动画"、"指针"、"语音"、"音频"、"视觉"、"交互"和"字幕"，如图 1-8 所示。

（4）选项卡列表。

选项卡列表为图 1-1 中所标出的区域 4。不同工具选项卡所包含的内容列表也不同，单击某个工具选项卡，则在该选项卡的右侧显示相应的列表。单击"媒体"选项卡，媒体箱中显示了已加载的素材，包括"导入媒体"按钮；单击"库"选项卡，库中有免费的视频、音频和图像等媒

图 1-8　任务选项卡

体资源，制作视频时可根据需要选用；单击"注释"选项卡，其选项卡列表如图 1-9 所示。

图 1-9 "注释"选项卡列表

（5）预览窗口及其播放控制按钮。

　　预览窗口用于显示已加载到时间轴上的媒体素材，可以用于摆放各种媒体对象、编辑对象，也可以播放视频、音频和图片等素材。播放控制按钮位于预览窗口的下方，包括"上一帧"、"下一帧"、"播放/暂停"、"上一个媒体"、"下一个媒体"、"播放条"和"全屏"按钮，通过这些按钮可以控制媒体的播放内容，如图 1-10 所示。

图 1-10　预览窗口及其播放控制按钮

预览窗口的播放控制按钮名称和功能如表 1-1 所示。

表 1-1　预览窗口的播放控制按钮名称和功能

按 钮 外 观	按 钮 名 称	按 钮 功 能
◁|	上一帧	播放头滑块退到上一帧
|▷	下一帧	播放头滑块进入下一帧
▶	播放/暂停	单击开始播放，再次单击则暂停
❮	上一个媒体	将播放头滑块移到时间轴轨道上的上一个媒体
❯	下一个媒体	将播放头滑块移到时间轴轨道上的下一个媒体
━●━	播放条	显示播放时间进度
⛶	全屏	切换到全屏幕

（6）属性面板。

属性面板用来设置选定对象的属性，选择不同的对象，属性面板的内容也会不同，单击"属性"按钮可以切换属性面板的打开或关闭状态，如图 1-11 所示。

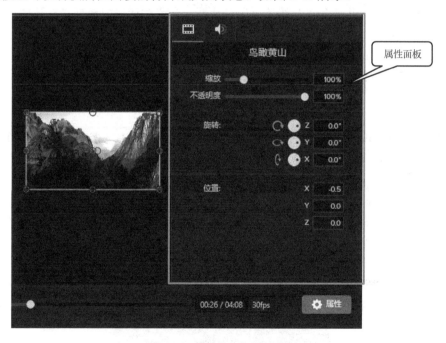

图 1-11　预览窗口与属性面板

3. Camtasia Studio 项目管理

Camtasia Studio 以项目方式对各种媒体素材进行组织与管理，项目管理包括新建项目、打开项目、保存项目、项目另存为、导入压缩项目等。

（1）Camtasia Studio 可操作项及文件类型。

Camtasia Studio 可操作项及文件类型如表 1-2 所示。

表 1-2　Camtasia Studio 可操作项及文件类型

可 操 作 项	可操作文件类型
创建、编辑、保存项目文件	*.tscproj
导入、导出的视频文件	*.camrec、*.trec、*.avi、*.mpeg、*.mpg、*.wmv、*.mov、*.mts、*.m2ts、*mp4、*swf 等
导入、导出的图像文件	*bmp、*.gif、*.jpg、*.jpeg、*.png 等
导入、导出的音频文件	*wav、*.mp3、*.wma、*.m4a 等
导入、导出的演示文稿	*.ppt、*.pptx

（2）新建项目。

Camtasia Studio 启动时首先会打开"开始使用"对话框，该对话框包括"新建项目""新建录制""打开项目"等命令，选择"新建项目"命令，便会创建一个项目，该项目默认名称为"未命名项目"。

在 Camtasia Studio 编辑窗口，选择"文件"菜单中的"新建项目"命令，也可以创建一个项目。

（3）打开项目。

Camtasia Studio 启动打开"开始使用"对话框，在该对话框中选择"打开项目"命令，可以打开已有项目。

在 Camtasia Studio 编辑窗口，选择"文件"菜单中的"打开项目"命令，弹出一个"打开"对话框，在该对话框中选择一个项目文件（扩展名为 tscproj），单击"打开"按钮，同样可打开一个项目。

（4）保存项目。

在 Camtasia Studio 项目编辑过程中或完成后，需要对项目进行保存。保存项目的方法是，在"文件"菜单中选择"保存"命令，即可完成项目的保存。也可以在"文件"菜单中选择"另存为"命令，将当前项目以新的文件名或在新位置予以保存。

（5）导出/导入项目。

用户根据需要编辑的项目，除了保存项目，还可以进行导出、导入操作，在"文件"菜单中选择"导出项目为 Zip"命令，可以将项目导出为压缩文件，在"文件"菜单中选择"导入 ZIP 项目"命令，可以将压缩文件导入项目中。

4. Camtasia Studio 的项目设置

在"文件"菜单中选择"项目设置"命令，打开"项目设置"对话框，如图 1-12 所示。

图 1-12　"项目设置"对话框

在"项目设置"对话框中的"画布尺寸"右侧有一个下拉列表框，单击该下拉列表框可以从中选择画布的尺寸，如图 1-13 所示。

图 1-13　画布尺寸的列表

另外，在"项目设置"对话框中"宽度"和"高度"的右侧均有一个文本框，用于设置宽度、高度的具体数值；"颜色"右侧有一个下拉列表框，可以打开颜色选择框，设置画面的背景颜色；"帧率"右侧有一个下拉列表框，包括 30fps 和 60fps 两个选项，其中默认选项为 30fps。

5．Camtasia Studio 的参数设置

在"编辑"菜单中选择"首选项"命令，打开"首选项"对话框。可以设置诸多参数，包括"程序"、"时间"、"伙伴"、"热键"、"画布"和"高级"6 个选项卡，如图 1-14 所示。

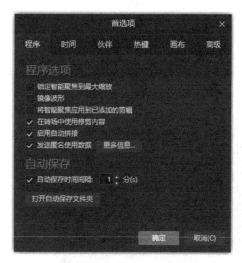

图 1-14　"首选项"对话框

（1）"程序"选项卡。

"程序"选项卡可以设置项目文件的自动保存，在该选项卡中勾选"自动保存时间间隔"复选框，然后单击右侧的微调按钮，可调整文本框中的数值，从而改变项目自动保存的时间间隔。

（2）"时间"选项卡。

"时间"选项卡可以设置转场、图像、注释、动画、生成预览、字幕等的默认持续时间。

（3）"伙伴"选项卡。

"伙伴"选项卡可以设置 PowerPoint 加载项（如对幻灯片注释项的选择）、移动共享的开/关、存储的文件夹等。

（4）"热键"选项卡。

"热键"选项卡可以设置添加标注、动画、字幕、转场、标记、测验、分割、扩展帧等操作的组合键。

（5）"画布"选项卡。

"画布"选项卡可以设置画布的尺寸，包括自动大小、宽屏、设备特定大小、原始录制尺寸、自定义等。用户在使用 Camtasia Studio 编辑视频时，一般应先在这里设置好画布的尺寸。

（6）"高级"选项卡。

"高级"选项卡可以设置检查更新、硬件加速、临时存储文件夹等。

6. 关于媒体与媒体箱

媒体一般指制作视频时所使用的文本、图形、图片、音频、视频、动画等素材，这些媒体素材能够导入 Camtasia Studio 的媒体箱和库中。Camtasia Studio 的媒体箱和库用于对媒体元素进行管理。用户编辑视频时需要使用大量外部的媒体素材，使用这些媒体素材前，需要把它们导入 Camtasia Studio 的媒体箱中，媒体箱是这些外部媒体素材的存放空间，也具有对这些外部素材导入、导出及管理的功能。

7. 关于媒体箱中的媒体视图与媒体导入

（1）媒体箱的结构组成。

没有添加媒体素材的媒体箱如图 1-15 所示，由三个部分组成："标题栏""媒体列表""工具栏"，媒体列表中显示所有已经导入的媒体素材，当项目保存后全部素材一并保存到当前项目中。工具栏包括左侧的"添加"按钮 ，右侧的"缩略图视图" 和"列表视图" 按钮，分别用于添加媒体素材、在缩略图视图和列表视图间切换。

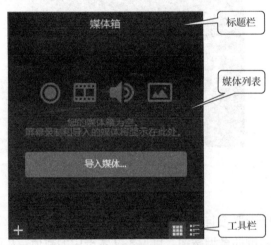

图 1-15　没有添加媒体素材的媒体箱

（2）媒体箱的两种视图。

Camtasia Studio 的媒体箱有缩略图和列表两种视图，不同视图下媒体素材的显示方式不同。两种视图的切换通过媒体箱的工具栏实现，单击"缩略图视图"按钮，则切换到"缩略图视图"，单击"列表视图"按钮，则切换到"列表视图"。

在缩略图视图下，媒体箱中显示媒体缩略图、媒体类型图标和媒体名称，如图 1-16 所示，默认情况下为缩略图模式。在列表视图下，媒体箱中以列表方式显示媒体类型、名称和持续时间，如图 1-17 所示。在列表视图中，单击"类型"标题名，则媒体按类型分组排列，且"类型"标题旁边会出现三角形箭头，表示媒体以此标题名称排序，也可以单击"名称"或"持续时间"标题，使媒体进行相应排序。

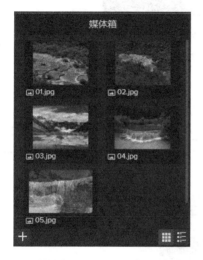

图 1-16　媒体箱中的素材以缩略图方式显示

图 1-17　媒体箱中的素材以列表方式显示

（3）导入媒体。

Camtasia Studio 的媒体箱中导入媒体的方法包括使用"文件"菜单、媒体箱的快捷菜单和鼠标拖曳三种方式，如表 1-3 所示。

表 1-3　媒体箱中导入媒体的方法

导入媒体的方法	操 作 说 明
使用"文件"菜单	在"文件"菜单的"导入"子菜单中选择"媒体"命令，并在弹出的"打开"对话框中选择需要导入的媒体文件，单击"打开"按钮，媒体文件即可导入媒体箱中
使用媒体箱的快捷菜单	在媒体箱的空白处单击右键，并在弹出的快捷菜单中选择"导入媒体"命令
	在媒体箱的标题位置单击右键，并在弹出的快捷菜单中选择"导入媒体"命令
	在媒体箱工具栏位置单击右键，在弹出的快捷菜单中选择"导入媒体"命令
	在媒体箱工具栏左侧单击"导入媒体"按钮，在弹出的菜单中选择"导入媒体"命令
使用鼠标拖曳	打开 Windows 资源管理器，找到要导入的媒体文件，然后将该媒体文件拖曳到媒体箱中

（4）媒体排列。

导入到媒体箱中的媒体文件，在缩略图视图和列表视图下，都可以依据需要对它们的排列方式进行设置。在媒体箱中任意位置单击右键，并在弹出的快捷菜单中选择"排序方式"

菜单项，其子菜单包括"名称"、"类型"、"持续时间、"大小"、"尺寸"和"添加日期"多种排序方式，如图 1-18 所示。选择相应的命令，即可完成媒体文件排列方式的设置。媒体箱中全部媒体文件皆可按此方式排列。

图 1-18   媒体排列的多种排序方式

8．关于媒体箱中媒体文件的管理

在媒体箱中的任何一个媒体文件上单击右键，并在弹出的快捷菜单中选择相应命令，即可完成对媒体的相应操作，如图 1-19 所示，快捷菜单包括"添加到时间轴播放头滑块位置"、"添加到库"、"预览"、"更新媒体"、"删除"、"删除未使用的媒体"、"打开文件位置"、"详情"和"排序方式"命令。

图 1-19   媒体箱中媒体文件操作的快捷菜单

下面对其中部分操作进行简要介绍。

（1）添加到时间轴播放头滑块位置。

添加到时间轴播放头滑块位置是指将媒体置于时间轴的轨道上，其操作方法有使用鼠标拖曳和使用快捷菜单两种。

使用鼠标拖曳的方法是在媒体箱中选定一个媒体文件，然后按住鼠标左键将媒体文件拖曳到时间轴的轨道上，即可把媒体文件加载到轨道上。如果选中多个媒体文件，可同时把它们拖曳到时间轴的轨道上，同一轨道的排列顺序取决于媒体箱中媒体文件的选择顺序。

使用快捷菜单的方法是在媒体箱中选定一个或多个媒体文件并单击右键，在弹出的快捷菜单中选择"添加到时间轴播放头滑块位置"命令，所选定的媒体文件就会被添加到时间轴的轨道上。

（2）添加到库。

媒体箱中的媒体文件保存在项目文件中，仅供本项目文件使用，如果需要供其他项目使用，则需要保存到库中，因为库中的文件是以单独文件形式存储在计算机磁盘中的，所以所有使用 Camtasia Studio 软件编辑的项目都可以使用库中的资源。媒体箱中的媒体文件添加到库中的方法是，选定某个媒体文件并单击右键，在弹出的快捷菜单中选择"添加到库"命令，弹出"添加到库"对话框，如图 1-20 所示，在该对话框中单击"确定"按钮即可。

图 1-20　"添加到库"对话框

（3）预览。

预览媒体箱中媒体文件的方法有两种：一种是在媒体箱中双击某个媒体文件，就会打开单独的"媒体预览"窗口；另一种是在媒体箱中选定某个媒体文件并单击右键，在弹出的快捷菜单中选择"预览"命令，同样会打开单独的"媒体预览"窗口。

（4）更新媒体。

添加到媒体箱中的媒体文件，用户如果需要对某个或多个媒体文件进行更换，则可选定某个文件并单击右键，在弹出的快捷菜单中选择"更新媒体"命令，并在弹出的"打开文件"对话框中选择新的文件，再单击"打开"按钮即可完成媒体文件的更换。

（5）删除。

媒体箱中媒体的删除包括删除未使用的媒体和删除媒体。

删除未使用的媒体是指媒体文件已添加到媒体箱中，但并没有应用于时间轴的轨道上，对于这些媒体文件，如果用户想从媒体箱中删除，则可在媒体箱的任何位置单击右键，并在弹出的快捷菜单中选择"删除未使用的媒体"命令，此类媒体文件将被全部一次性从媒体箱中删除。

删除媒体是指删除媒体箱中选定的媒体文件，在媒体箱中选定一个或多个媒体文件并单击右键，在弹出的快捷菜单中选择"删除"命令，此时如果媒体文件没有应用于时间轴上，则被直接从媒体箱中删除；如果媒体文件应用于时间轴上了，则提示必须在时间轴上删除后，才可以从媒体箱中删除该媒体文件。

（6）打开文件位置。

如果想知道媒体箱中的媒体文件在计算机磁盘上的存储位置，则需要选定某个媒体文件并在其上单击右键，在弹出的快捷菜单中选择"打开文件位置"命令，弹出"Windows 资源管理器"窗口，并在该窗口中显示对应的媒体文件。

（7）详情。

如果需要查看媒体箱中媒体文件的详细信息，可以选定某个媒体文件后单击右键，在弹出的快捷菜单中选择"详情"命令，弹出"详情"对话框，即可以查看媒体文件的详细信息，如图 1-21 所示。

图 1-21　媒体文件的"详情"对话框

9．关于库及库操作

Camtasia Studio 的库是存放视频、音频和图片等媒体素材的容器，存放于其中的媒体素材也称为媒体资源。库中的媒体资源可添加到时间轴上，用于项目的编辑处理。同时，用户也可以向库中导入媒体素材。

（1）将媒体导入库中。

将媒体导入库中是指把获取、搜集的外部媒体资源导入库中，通常有以下 3 种方法。

方法 1：在"库"选项卡中单击工具栏左侧的"添加"按钮┿，并在弹出的快捷菜单中选择"将媒体导入到库"命令，如图 1-22 所示。在弹出的"打开"对话框中选择需要导入的媒体文件，然后单击"确定"按钮即可。

方法 2：在媒体箱中选定某个媒体并在其上单击右键，在弹出的快捷菜单中选择"添加到库"命令，在弹出的"添加到库"对话框中单击"确定"按钮即可。

方法 3：在时间轴的某轨道上选定某个媒体并在其上单击右键，在弹出的快捷菜单中选择"添加到库"命令，然后在弹出的"添加到库"对话框中单击"确定"按钮即可。

（2）导出库。

导出库是指一次性将库中所有的媒体资源都导出为压缩文件，并保存在计算机磁盘中。导出库的方法是在库中空白处单击右键，在弹出的快捷菜单中选择"导出库"命令，即可将库中的全部媒体导出，并以压缩文件的方式保存，其生成的文件格式为*.libzip。

（3）使用库中的媒体资源。

Camtasia Studio 的库包含多个文件夹，媒体资源分别存放在各个对应的文件夹中，使用库中媒体资源时，先双击展开文件夹，在文件夹单击右键需要使用的媒体资源，并在弹出的快捷菜单中选择所需的命令即可。针对选定媒体资源的操作有"添加到时间轴播放头滑块位置"、"预览"、"导出资源"、"复制到"、"排序方式"和"详情"，如图 1-23 所示。

图 1-22　在"添加"快捷菜单中选择　　　　图 1-23　操作库中媒体资源
　　　　"将媒体导入到库"命令　　　　　　　　　对应的快捷菜单

其中，"导出资源"是指将选定的媒体资源导出为压缩文件，其生成的文件格式为

*.libzip。"添加到时间轴播放头滑块位置"、"预览"和"详情"的操作方法与媒体箱中的媒体文件的操作方法相同。

10．预览窗口及其操作

（1）媒体箱或库中媒体资源的预览窗口。

观看 Camtasia Studio 的媒体箱或库中媒体资源的预览效果，可以在媒体箱或库中双击媒体资源，打开独立的"预览"窗口，预览所选媒体资源的效果，如图 1-24 所示。

图 1-24　媒体箱或库中媒体资源的预览窗口

可以单击右键媒体箱或库中媒体资源，在弹出的快捷菜单中选择"预览"命令，也可打开独立的"预览"窗口。

（2）时间轴轨道上媒体资源的预览窗口。

预览窗口可显示已加载到时间轴上的素材，用于摆放各种媒体对象、编辑对象，以及播放视频、音频和图片等素材。它包括工具栏、画布和播放按钮，其中工具栏位于画布的上方，播放按钮位于画布的下方，通过这些按钮可以控制媒体的播放，如图 1-25 所示。该预览窗口有两种状态，分别是固定画布和分享画布。

注意：本书中没有特殊说明的，所提到的预览窗口都是指时间轴轨道上媒体资源的预览窗口。

（3）预览窗口的编辑模式及切换方式。

对画布上的媒体元素进行编辑时，预览窗口有 3 种编辑模式，分别是编辑模式、平移模式和裁剪模式，这 3 种模式之间的切换，可通过单击预览窗口顶部工具栏上相应的模式按钮完成，默认为编辑模式。

图 1-25　固定画布的预览窗口

①编辑模式。

编辑模式是指在画布上编辑媒体元素的模式。在编辑模式下，预览窗口画布上的媒体元素周围会出现白色边框线和圆句柄，如图 1-26 所示。该模式下可以在画面上对媒体元素进行移动、调整大小、旋转、调整叠放顺序、添加视觉效果等操作。但该模式下画布是固定的，不可以使用鼠标拖曳方式改变画布在预览窗口中的位置，也不能对画布上的媒体元素进行裁剪，但可以使用鼠标滚轮对画布进行缩放。

图 1-26　预览窗口的编辑模式

②平移模式。

在预览窗口的工具栏上单击"平移"按钮，切换到"平移模式"，如图 1-27 所示。该模式下可以在预览窗口中按住鼠标左键进行上、下、左、右拖曳画布，从而改变画布在窗口中的位置，以获得更好的视图效果。该模式下，直接滑动鼠标滚轮就可以实现画面的放大或缩小。画布上的媒体元素在平移时可保留原始位置和大小，平移模式中画布的媒体元素不可编辑。

图 1-27　预览窗口的平移模式

③裁剪模式。

在预览窗口的工具栏上单击"裁剪"按钮，会切换到"裁剪模式"，此时，画布上的媒体元素周围就会出现蓝色框线和方句柄，如图 1-28 所示。

图 1-28　预览窗口的裁剪模式

该模式能够把媒体中不需要的区域剪掉。使用鼠标调整媒体元素上的方句柄，可实现媒体元素的部分区域被裁剪掉。

注意：在编辑模式和裁剪模式下，按空格键可拖曳鼠标改变画布在预览窗口中的位置。

按"Alt"键，媒体元素周围会变为蓝色框线和方句柄，使用鼠标拖曳句柄可以实现对媒体元素部分区域的裁剪。

（4）画布操作。

画布如同画纸，是编辑媒体元素的工作区。画布的操作包括画布本身的操作和画布中媒体元素的操作。画布本身的操作包括项目设置、画布缩放、画布的分离与固定等；画布中媒体元素的操作主要是对媒体元素进行编辑，包括移动位置、调整大小、旋转、排列、组合、属性设置和效果设置等。

在预览窗口中预览媒体元素时，为方便用户观看媒体元素的整体或细节部分，Camtasia Studio 提供了画布缩放功能，该功能只是方便用户观看媒体元素，并不会影响最终视频生成时的尺寸。

图 1-29　缩放的快捷菜单

画布缩放有两种方法：一是在预览窗口的工具栏上单击"画布选项"右侧的下拉箭头▼，在弹出的下拉列表框中选择缩放级别，包括"适合窗口"、"25%"、"50%"、"75%"、"100%"、"200%"和"300%"等多个选项，根据需要选择一种缩放比例即可；二是在预览窗口的非媒体元素区域单击右键，弹出的快捷菜单如图 1-29 所示，在该快捷菜单中选择"放大"命令则可以放大，选择"缩小"命令则可以缩小，选择"适合窗口"命令则可以调整到适合窗口的尺寸，选择"缩放到 100%"命令则可以缩放至初始大小。

（5）预览窗口的分离与固定。

为了让用户能更好地通过预览窗口观看画面上媒体元素的效果，可以将预览窗口从 Camtasia Studio 的编辑窗口中分离出来，以独立的窗口显示，如图 1-30 所示，称为分离画面，把独立的预览窗口再合并到 Camtasia Studio 的编辑窗口中，称为固定画布，如图 1-25 所示。

图 1-30　分离画布的预览窗口

单击"画布选项"右侧的下拉箭头，在弹出的下拉菜单中选择"分离画布"命令，预览窗口即可与编辑窗口分离，分离后的预览窗口可以像其他 Windows 窗口一样进行操作。单击分离状态的预览窗口中的"画面选项"右侧的下拉箭头，在弹出的下拉菜单中选择"固定画布"命令，预览窗口又会合并到 Camtasia Studio 的编辑窗口中。

11．生成视频的途径与方法

（1）生成视频的途径。

生成视频的途径主要有两种：一是使用工具栏的"分享"按钮，单击该按钮打开下拉菜单，其中有 6 种生成与分享视频的方式，选择 1 个选项，进入"生成向导"；二是在"文件"菜单中选择"批量生成"命令，打开"批量生成"向导，首先显示"批量生成-选择文件"界面，在该界面中单击"添加文件/项目"按钮，把要生成视频的项目文件添加进来，如图 1-31 所示。

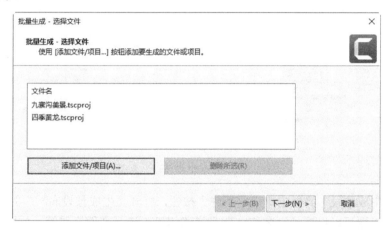

图 1-31　"批量生成-选择文件"界面

单击"下一步"按钮，选择"批量生成-预设选项"命令，设置生成视频的画面尺寸，如图 1-32 所示。

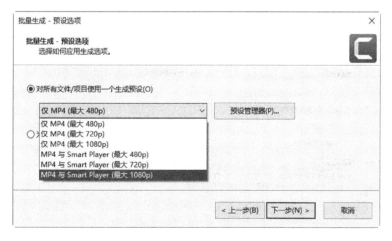

图 1-32　"批量生成-预设选项"界面

单击"下一步"按钮，根据提示完成视频的生成。

（2）生成视频的方法。

生成视频的常用方法有两种：一是在"生成向导"窗口中选择"自定义生成设置"命令，然后根据提示逐步生成视频；二是在"分享"菜单的"自定义生成"子菜单中选择"添加/编辑预设"命令，打开"管理生成预设"界面，该界面包括生成预设、描述、预设信息 3 部分，如图 1-33 所示。

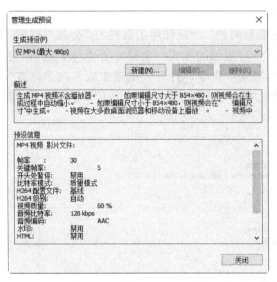

图 1-33　"管理生成预设"界面

在"管理生成预设"界面中单击"新建"按钮，打开"生成预设向导"的"创建生成预设"界面，该界面可以设置预设名称、撰写描述信息、选择文件格式等，如图 1-34 所示。

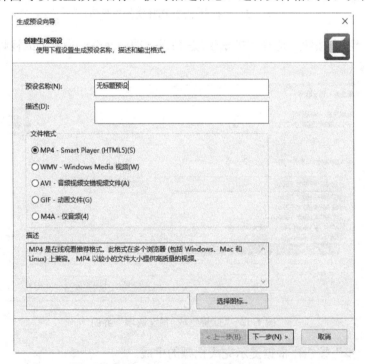

图 1-34　"生成预设向导"的"创建生成预设"界面

　　然后单击"下一步"按钮，根据提示信息逐步完成生成预设的相关参数设置后，返回"管理生成预设"界面，单击"关闭"按钮即可完成创建一个自定义预设并自定义生成视频的相关参数，然后选择此预设，根据提示逐步生成视频即可。

　　12．视频中制作画中画效果

　　有时希望能在同一时间内显示不同的视频内容，就像在新闻播报中，往往会出现主持人在讲话，同时在画面右上角又会出现新闻画面的效果，这种效果称为画中画。

　　视频中制作画中画效果的具体方法如下。

　　（1）将播放头滑块定位在需要创立画中画的位置，然后将视频或图片素材添加在原有视频的轨道上方，如果起初只有一条轨道，则需要添加新轨道，即新素材与原有视频需要在不同轨道上，轨道呈现出上下叠加的效果。

　　（2）使用鼠标直接在视频播放窗口处调整画中画视频的大小和位置，同时，也可以在时间轴上调整画中画视频出现的时间和长度等。

 【操作体验】

【任务 1-1】　Camtasia Studio 的功能体验

【任务描述】

　　（1）新建项目，并以"九寨沟美景"为名称保存该项目。

　　（2）将图片文件"九寨沟"导入媒体箱，并在独立的预览窗口中观看该图片的效果。

　　（3）使用鼠标拖曳的方法将媒体箱中的图片"九寨沟"添加到画布（时间轴的轨道1）上。

　　（4）在预览窗口中预览图片"九寨沟"。

　　（5）设置画布尺寸为宽屏"720p HD(1280×720)"，设置颜色模式为 RGB 模式，画布背景颜色的值设置为（160,160,160）。

　　（6）切换到裁剪模式下，把图片上方裁剪掉一定的高度。

　　（7）在"视觉属性"面板中设置图片的不透明度为 60%，旋转角度为 $Z=20°$、$Y=180°$、$X=45°$，位置为 $X=100$、$Y=80$、$Z=50$。

【任务实施】

　　（1）启动 Camtasia Studio。

　　双击桌面快捷启动图标"Camtasia"，成功启动 Camtasia Studio 后，会出现如图 1-35 所示的"开始使用"界面。

　　（2）新建 Camtasia Studio 项目。

　　在"开始使用"对话框中单击"新建项目"按钮，然后显示 Camtasia Studio 的编辑窗口。

　　（3）保存 Camtasia Studio 项目。

　　在 Camtasia Studio 编辑窗口中，选择"文件"菜单的"保存"命令，打开"另存为"对话框，在该对话框中输入文件名"九寨沟美景"，然后单击"保存"按钮即可。

图 1-35　启动"Camtasia Studio"时出现的"开始使用"界面

（4）导入图片。

在媒体箱中单击"导入媒体"按钮，弹出"打开"对话框，在该对话框中选择一个已有图片文件"九寨沟"，如图 1-36 所示，然后单击"打开"按钮，即可将图片文件导入到媒体箱中，如图 1-37 所示。

图 1-36　在"打开"对话框中选择图片文件"九寨沟"

图 1-37　在媒体箱中显示导入的图片文件"九寨沟"

在媒体箱中双击图片文件"九寨沟"，即可打开一个独立的预览窗口，预览图片的效果。

（5）将图片添加到画布上。

在媒体箱中选定导入的图片，然后按住左键将该图片拖曳到画布上，此时图片被添加到时间轴"轨道 1"的播放头滑块位置，如图 1-38 所示。

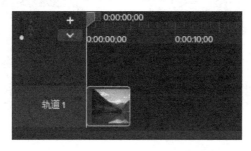

图 1-38　图片"九寨沟"被拖曳到"轨道 1"的播放头滑块位置

在预览窗口中可以预览画布的图片"九寨沟"，如图 1-39 所示。

图 1-39　图片"九寨沟"的预览效果

（6）设置画面尺寸。

在画布空白位置单击右键，选择"项目设置"命令，打开"项目设置"对话框，并在该对话框中单击"画布尺寸"右侧的下拉箭头 的下拉列表框，选择宽屏（16:9）区域的尺寸"720p HD(1280×720)"命令，如图 1-40 所示。

（7）设置画布的背景颜色。

在"项目设置"对话框中，单击"颜色"右侧的下拉箭头 ，弹出调色板，单击"模式"按钮，切换为 RGB 颜色模式，然后在文本框中分别输入"160"、"160"和"160"，如图 1-41 所示。

画布尺寸和画布背景颜色都设置完成的"项目设置"对话框如图 1-42 所示，然后单击"应用"按钮。

 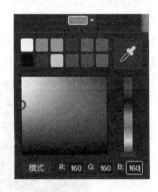

图 1-40　画布尺寸列表框　　　　　图 1-41　在调色板中设置背景颜色

图 1-42　在"项目设置"对话框中设置画布尺寸和画布背景颜色

（8）裁剪图片。

单击"预览"工具栏中的"裁剪"按钮 ，切换到裁剪模式下，在画布上使用鼠标拖曳图片上方中间的方句柄，将图片上方裁剪掉一定的高度即可，结果如图 1-43 所示。

图 1-43　图片的裁剪结果

（9）设置图片的视觉属性。

在画布上选定图片"九寨沟"，并在"视觉属性"面板中，设置图片的不透明度为 60%，旋转角度为 $Z=20°$、$Y=180°$、$X=45°$，位置为 $X=100$、$Y=80$、$Z=50$。设置完成后的"视觉属性"面板如图 1-44 所示。

图片"九寨沟"的视觉属性设置完成后，画布中的图片效果如图 1-45 所示。

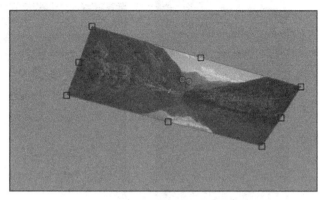

图 1-44　在"视觉属性"面板设置　　　　图 1-45　设置视觉属性的图片"九寨沟"效果
图片的视觉属性

在"文件"菜单中选择"保存"命令，对项目进行保存。

【任务 1-2】　编辑画布上的多个媒体元素

【任务描述】

（1）新建项目，并以"四季黄龙"为名称保存该 Camtasia Studio 项目。

（2）将文件夹"四季黄龙"中的 5 张图片导入媒体箱中。

（3）使用鼠标拖曳的方法将媒体箱中的 5 张图片添加到时间轴的轨道 1、轨道 2、轨道 3、轨道 4 和轨道 5 上。

（4）在画布上使用鼠标调整 5 张图片的大小和位置。

（5）在画布上选定图片 05，并设置其排列位置为"置于底层"。

（6）将画 5 张图片予以组合，组合为一个媒体对象。

【任务实施】

（1）新建 Camtasia Studio 项目。

在 Camtasia Studio 编辑窗口的"文件"菜单中选择"新建项目"命令，新建一个 Camtasia Studio 项目。

（2）保存 Camtasia Studio 项目。

在 Camtasia Studio 编辑窗口的"文件"菜单中选择"保存"命令，弹出"另存为"对话框，并在该对话框中输入文件名"四季黄龙"，然后单击"保存"按钮即可。

（3）导入图片。

将文件夹"四季黄龙"中的图片 01、图片 02、图片 03、图片 04、图片 05 导入到媒体箱中。

（4）将 5 张图片依次添加到画布上。

选择图片 01，单击右键，在弹出的快捷菜单中选择"添加到时间轴播放头滑块位置"命令，此时图片 01 将自动添加到轨道 1 的播放头滑块位置，使用同样的方法将其他 4 张图片分别添加到轨道 2、轨道 3、轨道 4、轨道 5 的播放头滑块位置，如图 1-46 所示。此时画面上 5 张图片叠放排列，其中图片 05 在视觉上感觉最近，如图 1-47 所示。

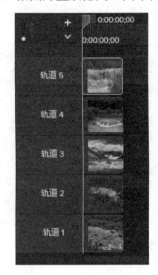

图 1-46　轨道上 5 张图片的排列　　　　图 1-47　画布上 5 张图片的叠放排列

（5）调整 5 张图片的大小和位置。

在画布上使用鼠标调整 5 张图片的大小和位置，调整完成后的结果如图 1-48 所示，此时可以看出画布上（时间轴中）5 张图片自上而下（视觉上是由近及远）的叠放顺序是 05、04、03、02、01。

图 1-48　5 张图片调整后的结果

（6）将图片 05 置于底层。

在画布上选定图片 05，并且单击右键，在弹出的快捷菜单中，选择"排列"子菜单的"置于底层"命令，效果如图 1-49 所示。

图 1-49 画布中图片 05 置于底层的效果

（7）将多张图片进行组合。

按住"Ctrl"键，在画布上依次选定 5 张图片，然后单击右键，在弹出的快捷菜单中选择"组合"命令，可将选定的 5 张图片组合为一个媒体对象。选定组合后的媒体对象，如图 1-50 所示。

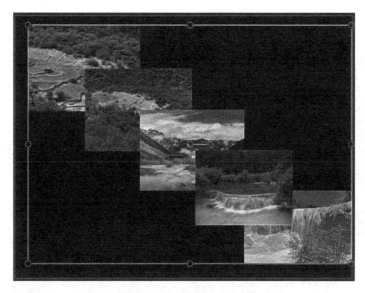

图 1-50 选定组合的媒体对象

在"文件"菜单中选择"保存"命令，对项目进行保存。

【应用实战】

【任务 1-3】 预览视频"鸟瞰黄山"

【任务描述】

（1）将视频"鸟瞰黄山"导入媒体箱中。

（2）将媒体箱中的视频"鸟瞰黄山"添加到时间轴的轨道 1 中。

（3）在预览窗口中预览视频"鸟瞰黄山"。

（4）在预览窗口中调整布局的尺寸和位置。

（5）在预览窗口中裁剪视频画面。

（6）以"鸟瞰黄山"为名称保存视频项目。

（7）生成与分离视频。

【任务实施】

（1）新建 Camtasia Studio 项目。

选择"文件"菜单的"新建项目"命令，创建一个项目。

（2）导入媒体。

在媒体箱中单击"导入媒体"按钮，弹出"打开"对话框，在该对话框中选择一个已有视频"鸟瞰黄山"，单击"打开"按钮，即可将视频文件导入到媒体箱中。

（3）将视频添加到时间轴。

在媒体箱中选择视频"鸟瞰黄山"，单击右键，并在弹出的快捷菜单中选择"添加到时间轴播放头位置"命令，此时视频"鸟瞰黄山"已被添加到"轨道1"中。

（4）预览视频。

单击"播放"按钮，在预览窗口中播放视频"鸟瞰黄山"，如图 1-51 所示。

图 1-51　预览视频"鸟瞰黄山"

（5）局部预览视频。

将鼠标指针移动到需要局部预览的起始位置，如"0:01:50"，然后指向并按住指针顶部红色的部分，向右拖曳到需要预览的结束位置，如"0:02:10"。

单击"播放"按钮，即可实现局部预览视频。

（6）在预览窗口中调整布局尺寸和位置。

在预览窗口中单击视频画面可以发现画面的 4 个顶点、4 条边的中点位置都是空心圆圈，同时画面正中位置也出现了 2 个空心圆圈，如图 1-52 所示。4 个顶点位置的控制点用于同时调整画面的宽度和高度，上下两条边中点位置的控制点用于调整画面的高度，左右两条边中点位置的控制点用于调整画面的宽度，画面正中位置靠右侧的控制点用于旋转画面。

图 1-52　预览窗口中画面调整的控制点及中心位置的标识线

单击预览窗口右下角的"属性"按钮，显示属性窗口。先将鼠标指针指向 4 个顶点或 4 条边中点的控制点，按住鼠标左键对画面进行缩小，右侧属性窗口同步显示缩放比例。然后将鼠标指针指向中心位置靠右侧的旋转控制点，按住鼠标左键的同时拖曳鼠标旋转画面，观察属性窗口中 Z 轴方向旋转角度的变化，如图 1-53 所示。

图 1-53　预览窗口中对画面进行缩放与旋转操作

当鼠标指针指向画面时，会出现双向箭头，这时按住鼠标左键上下拖曳鼠标可以纵向平移画面，左右拖曳鼠标可以横向平移画面。

在属性窗口"旋转"区域的 Z 轴旋转角度文本框中输入"0",即可恢复正位状态。然后单击右键预览窗口中的画面,并在弹出的快捷菜单中选择"缩放到合适"命令,如图 1-54 所示。画面所示的属性设置将恢复为初始状态,属性窗口的属性设置值如图 1-55 所示。

图 1-54　在画面的快捷菜单中选择"缩放到合适"命令　　图 1-55　画面属性恢复为初始状态的属性窗口

（7）在预览窗口中裁剪视频画面。

在预览窗口上侧单击"裁剪"按钮，会在当前画面 4 个顶点和 4 条线的中点位置显示小正方形,用鼠标指针指向小正方形控制点,左右或上下拖曳鼠标便可对视频画面进行裁剪,裁剪结果如图 1-56 所示。

图 1-56　裁剪结果

（8）保存视频项目。

选择"文件"菜单的"保存"命令,弹出"另存为"对话框,输入文件名"鸟瞰黄山",如图 1-57 所示,然后单击"保存"按钮即可。

图 1-57　在"另存为"对话框中输入文件名"鸟瞰黄山"

（9）生成并分享视频。

单击"分享"按钮，打开其下拉菜单，选择生成与分享视频的方式，这里选择第 1 种方式"本地文件"命令，如图 1-58 所示。

图 1-58　"分享"按钮的下拉菜单

选择"生成向导"命令，显示"生成向导"的"欢迎来到 Camtasia 生成向导"界面，如图 1-59 所示。在该界面的下拉列表框中选择"自定义生成设置"命令。

图 1-59　"生成向导"的"欢迎来到 Camtasia 生成向导"界面

单击"下一步"按钮，弹出"您想如何生成视频？"界面，在该界面中选择生成的视频格式，这里选择"MP4-Smart Player(HTML5)"命令，如图 1-60 所示。

图 1-60 "生成向导"的"您想如何生成视频？"界面

单击"下一步"按钮，选择不同的视频文件格式后，会显示不同的界面。这里由于前一步选择了"MP4"格式，则显示为"Smart Player 选项"界面，如图 1-61 所示。"Smart Player 选项"界面包括"控制条"、"大小"、"视频设置"、"音频设置"和"选项"5 个选项卡。

图 1-61 "生成向导"的"Smart Player 选项"界面

将"Smart Player 选项"的各个参数设置完成后，单击"下一步"按钮，弹出"视频选项"界面，如图 1-62 所示。该界面包括"视频信息"、"报告"、"水印"和"HTML"等选项设置。

单击"下一步"按钮，弹出"生成向导"的"生成视频"界面，在该界面中设置输出视频文件的项目名称"鸟瞰黄山"，存放的文件夹"C:\教学素材\单元 1\"等，如图 1-63 所示。

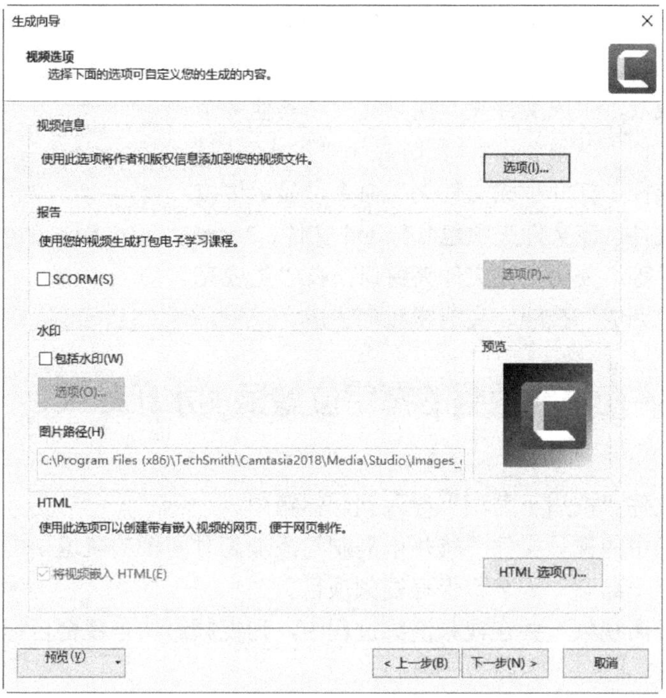

图 1-62　“生成向导”的“视频选项”界面

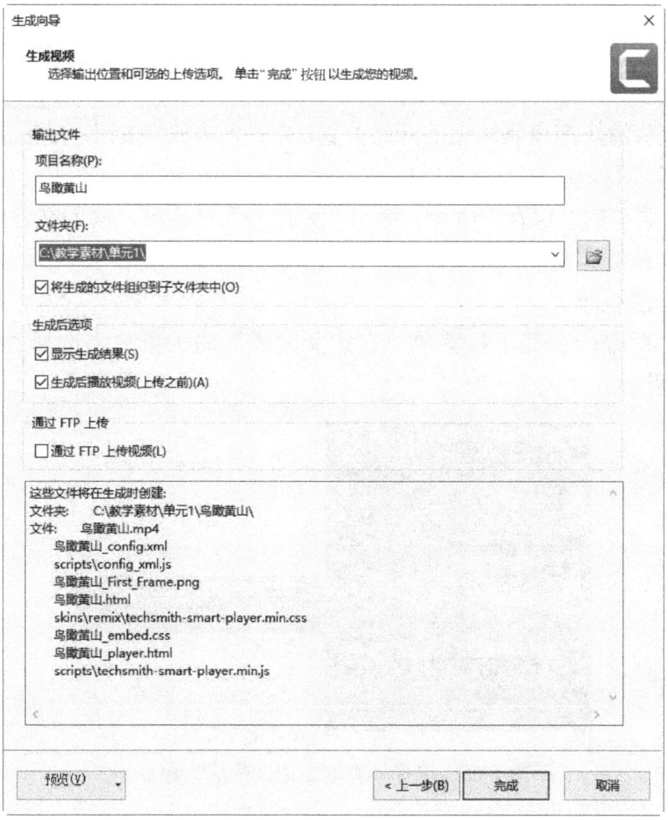

图 1-63　“生成向导”的“生成视频”界面

单击"完成"按钮，弹出"渲染项目"对话框，开始对视频进行渲染，并显示视频的渲染进度，如图 1-64 所示。

视频渲染完成后，生成文件夹、视频文件和其他多个文件，包括视频文件"鸟瞰黄山"，同时显示"生成完成"界面，在该界面选择"打开生成文件夹"命令，显示生成的文件夹及多个文件，该文件夹中包含*.mp4 文件、*.xml 文件、*.html 文件等。关闭生成文件夹窗口，在"生成完成"界面中单击"完成"按钮，完成视频的生成。

图 1-64   "渲染项目"对话框

【任务 1-4】   在生成视频的指定位置添加水印效果

【任务描述】

（1）将视频文件"杭州千岛湖"导入到媒体箱中。

（2）将媒体箱中的视频文件"杭州千岛湖"添加到时间轴的轨道 1 中。

（3）以"杭州千岛湖"为名称保存视频项目。

（4）生成与分离视频，并在视频渲染过程中，为视频添加电视台台标形成画中画效果。

【任务实施】

（1）在 Camtasia Studio 编辑窗口中导入媒体。

在 Camtasia Studio 编辑窗口中导入视频文件"杭州千岛湖"。

（2）将视频文件"杭州千岛湖"添加到轨道上。

在媒体箱中单击视频文件"杭州千岛湖"，然后按住左键将其拖曳到"轨道 1"的位置。

（3）预览媒体。

用鼠标将播放头滑块拖曳到轨道的开始位置，单击"播放"按钮，在预览窗口中浏览视频。

（4）保存视频项目。

选择"文件"菜单的"保存"命令，弹出"另存为"对话框，输入文件名"杭州千岛湖"，然后单击"保存"按钮即可。

（5）生成并分享视频。

选择"分享"命令，在其下拉菜单"自定义生成"的子菜单中选择"新建自定义生成"命令，如图 1-65 所示。

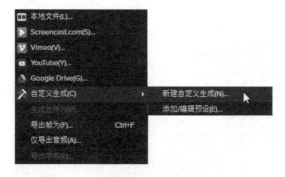

图 1-65   选择"新建自定义生成"命令

选择"生成向导"命令，显示"您想如何生成视频？"界面，选择生成最终视频的文体格式，默认选择"MP4"格式。

单击"下一步"按钮，显示"Smart Player 选项"界面，该界面有多个选项卡，可以进行多项设置，这里暂使用默认值，直接继续单击"下一步"按钮，显示"视频选项"界面，在该界面的"水印"区域，勾选"包括水印"复选框，"选项"按钮和"图片路径"文本框变为可用状态。

单击"选项"按钮，弹出"水印"窗口，该窗口包括预览、图片路径、效果、缩放、位置 5 部分。单击该窗口中的"预览"按钮，弹出"水印预览"窗口，在该窗口中可以看到水印的图片效果，如图 1-66 所示。

图 1-66　"水印预览"窗口

单击"图像路径"右侧的"打开"按钮，弹出"选择水印"对话框，在该对话框中选择作为水印的图片，这里选择"watermark"图片作为水印，然后单击"打开"按钮，返回"水印"窗口。

水印效果包括"浮雕"和"使用透明颜色"两种，如果勾选"浮雕"复选框，则需要设置浮雕的方向，单击"方向"下面的下拉列表框，从北、东北、东等 8 个列表项中选择其一，调整深度下面的水平滑块，可改变浮雕的深度。如果勾选"使用透明颜色"复选框，则可单击"颜色"按钮，若设置透明的颜色，可调整"不透明度"下面的水平滑块，改变透明度。

"缩放"的内容设置包括保持图像大小、保持纵横比、使用平滑缩放、图像缩放，这些参数都可用于水印图片缩放的调整。

"位置"指图像位于视频中的 9 个位置，单击其中的任意一个正方形即选择该位置，同时示意图中该位置变为蓝色，通过调节水平偏移量、垂直偏移量的水平滑块，可在上述 9 个位置的基础上进行偏移微调。设置完毕，如图 1-67 所示。单击"确定"按钮，返回"生成向导"的"视频选项"界面，如图 1-68 所示，此时水印预览区域已可看到水印图片了。

继续单击"下一步"按钮，显示"生成视频"界面，在该界面的"项目名称"文本框中输入名称"杭州千岛湖"，然后单击"完成"按钮，弹出"渲染项目"对话框，开始对视频进行渲染，并显示视频的渲染进度。

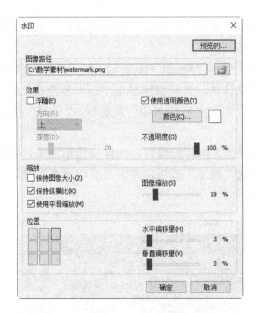

图 1-67 "水印"窗口

图 1-68 "生成向导"的"视频选项"界面

视频渲染完成后，生成的视频即在指定位置出现图片水印，同时显示"生成完成"界面，单击"完成"按钮，完成视频的生成。包含水印图片的视频播放效果如图 1-69 所示。

图 1-69　包含水印图片的视频播放效果

【自主训练】

【任务 1-5】　导入与预览"四季黄龙"的多张图片

【任务描述】

（1）将"四季黄龙"的 5 张图片导入媒体箱中。

（2）将媒体箱中的 5 张图片添加到时间轴轨道 1 上的播放头滑块位置。

（3）将图片 01 添加到库中。

（4）在预览窗口中预览轨道 1 上的 5 张图片。

单元2 编辑视频与运用标记

Camtasia Studio 具有强大的编辑处理功能，提供了时间轴、轨道、标记、画布、属性面板等编辑处理工具，可对媒体元素进行各种编辑操作。

 【知识梳理】

1. 时间轴及操作按钮

时间轴与预览窗口、属性面板、各类效果面板结合使用，能够简单、快速地进行媒体元素的编辑。时间轴区域包含轨道、标尺和操作按钮等，它们相互配合使用可以实现所有媒体对象的编辑。

（1）工具栏编辑按钮。

添加到 Camtasia Studio 轨道上的媒体元素，可运用时间轴的工具栏编辑按钮进行简单的编辑，编辑按钮包括"重做"、"撤销"、"剪切"、"复制"、"粘贴"和"分割"。

（2）工具栏缩放按钮。

运用时间轴工具栏的缩放按钮，能够在水平方向缩放时间轴，使轨道上的图片、音频和视频等媒体元素以放大或缩小的状态进行显示，便于用户更精准地选择和编辑媒体元素。工具栏的缩放按钮包括"将所有媒体置于时间轴上查看"、"缩小时间轴"、"放大时间轴"和"缩放条与缩放滑块"。时间轴工具栏中的操作按钮如图 2-1 所示。

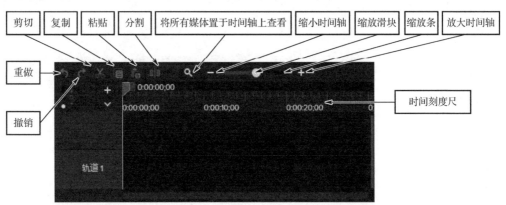

图 2-1　时间轴工具栏中的操作按钮

①将所有媒体置于时间轴上查看。单击"将所有媒体置于时间轴上查看"按钮，此时时间轴的刻度尺以每 15 帧来显示时间数值，如 0:00:00;00、0:00:00;15、0:00:01;00，用户是以帧为单位来查看、编辑轨道上的媒体元素的。

②缩小时间轴。单击"缩小时间轴"按钮，将缩放滑块向缩放条左侧移动，表示轨道上的媒体元素会缩小一定的比例。

③放大时间轴。单击"放大时间轴"按钮，将缩放滑块向缩放条右侧移动，表示轨道上的媒体元素会放大一定的比例。

④缩放滑块。在"缩放滑块"上按鼠标左键，向左或向右拖曳缩放滑块，同样可以缩小或放大轨道上媒体元素的比例。

（3）缩放快捷菜单。单击右键缩放条或缩放滑块，在弹出的缩放快捷菜单中选择相应的命令，同样可以实现时间轴的缩放。该缩放快捷菜单包括"放大"、"缩小"、"缩放到适合"、"缩放选择区"和"缩放到最大"命令，如图 2-2 所示。其中"缩放至适合"是指根据时间轴上添加媒体元素的时长，自动缩放到以帧为显示单位编辑媒体元素的状态，此时刻度尺上的每一个小格即为 1 帧，每一个大格为 15 帧；"缩放到最大"是指把时间轴缩放到最大状态来编辑媒体元素。

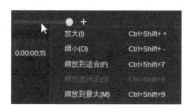

图 2-2　缩放快捷菜单

（4）时间刻度尺。

时间刻度尺上的时间表示时、分、秒、帧，其格式为 0:00:00;00。因为视频在时间轴上的顺序是从左向右播放的，所以时间刻度尺上某一点的时间就代表视频的时间。

时间刻度尺显示的时间随着视频比例的缩放而变化，当视频缩放到合适（或最大）时，刻度尺上的时间刻度线每 15 帧处就会有数值显示，如 0:00:00;15、0:00:01;00、0:00:01;15，每一小格代表 1 帧（以 1 秒为 30 帧来编辑视频）。

时间刻度尺上刻度线的规模变化，同时间轴的缩放级别密切相关。当通过缩放条改变时间轴的缩放时，刻度尺也会随着进行缩放。

（5）播放头。

播放头由选择起点滑块、播放头滑块、选择终点滑块组成。选择起点滑块为绿色，在播放头滑块的左侧；选择终点滑块为红色，在播放头滑块的右侧；播放头滑块在中间，为灰色，如图 2-3 所示。

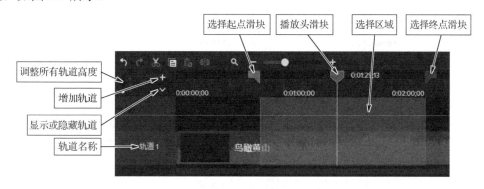

图 2-3　播放头与轨道操作按钮

在时间轴刻度尺的某个位置上用鼠标单击，播放头滑块就会定位在该处，同时 3 个滑块会聚在一起（双击 3 个滑块中的任意一个，3 个滑块都会自动聚在一起）。

把鼠标移至播放头滑块上，按住鼠标左键向右拖曳，则选择终点滑块与选择起点滑块会分离；按住鼠标左键向左拖曳，则选择起点滑块与选择终点滑块会分离，此时所有轨道的两个滑块之间的媒体对象呈现蓝色，表示选择了所有轨道此区域的媒体对象。如果此时单击预览窗口的"播放"按钮，则只播放该区域的媒体元素。

（6）轨道的操作按钮。

轨道的操作按钮包括"调整所有轨道高度"、"增加轨道"和"显示或隐藏轨道"，见图 2-3。

2．轨道上媒体元素的简单编辑

（1）轨道上拖曳媒体元素。

单击选定轨道上的某个媒体元素，然后按住鼠标左键在同一轨道上进行向左或向右移动到新的位置，松开鼠标左键，此时该媒体元素就会被拖曳到同一轨道上新的位置。

也可以选定轨道上的某个媒体元素，然后按住鼠标左键在不同轨道上移动。

（2）撤销与重做。

编辑视频时经常会出现误操作，为恢复到操作前的状态，可选择"撤销"命令，每单击该按钮一次则撤销一次操作，可以撤销多次操作。重做是撤销的相反操作。

（3）移动与复制。

在某个轨道上选定某个媒体元素，然后选择"剪切"命令或按组合键"Ctrl+X"，再选择某个轨道并把播放头滑块移动到某个新位置，选择"粘贴"命令或按组合键"Ctrl+V"即可完成媒体元素的移动操作。

在某个轨道上选定某个媒体元素，然后选择"复制"命令或按组合键"Ctrl+C"，再选择某个轨道并把播放头滑块移动到某个新位置，选择"粘贴"命令或按组合键"Ctrl+V"即可完成媒体元素的复制操作。

（4）分割。

把媒体元素分为若干段的操作称为分割。

①分割选定的媒体元素。在某个轨道上选定要分割的媒体元素，使用鼠标拖曳的方法将播放头滑块定位到需要分割的位置，然后单击"分割"按钮，或者选择"编辑"菜单中的"分割选定"命令，此时媒体元素会被分割为两段。

②分割所有轨道上的媒体元素。使用鼠标拖曳的方法将播放头滑块定位在需要分割的位置，选择"编辑"菜单中的"分割所有"命令，此时所有未锁定轨道上的媒体元素均会被分割为两段。

③分割后对分段媒体元素的调整。被分割后的两段媒体元素，在轨道上会显示出分割线。将鼠标移动到前一段媒体元素结束的分割线上，此时鼠标会变为双向箭头，按住鼠标左键向左拖曳可以调整该段媒体元素的结束位置；将鼠标移动到后一段媒体元素的开始位置，鼠标变为双向箭头，按住鼠标左键向右拖曳调整该段媒体元素的开始位置，此时该段媒体元素在轨道上的位置与前一段媒体元素间会出现一定的间距，可以在二者之间插入其他媒体元素。

3．属性面板

（1）"视觉"属性面板与"效果"属性面板的区别。

当从媒体箱或库中添加媒体元素到画布上时，Camtasia Studio 编辑窗口右侧将会自动打开属性面板，也可以在预览窗口播放控制条的右侧单击"属性"按钮打开或关闭属性面板。属性面板中显示了媒体元素的位置、旋转、阴影、边框、颜色、效果等诸多属性参数，不同的属性参数存放于不同的面板中，运用这些面板可以快速调整所选媒体元素的属性参数。属性面板实质是若干面板的集合。一般包括视觉属性面板、阴影面板、边框面板、着色面板、颜色调整面板、删除颜色面板、设备框架面板、剪辑速度面板、交互功能热点面板等。视觉属性面板是对媒体元素的缩放、不透明度、旋转、位置等常规参数进行设置，效果属性面板是对媒体元素的效果进行设置。

（2）"视觉"属性面板。

"视觉"属性面板包括标题、缩放、不透明度、旋转、位置参数设置，如图 2-4 所示。

图 2-4　"视觉"属性面板及其参数设置

标题是添加到画布上的当前媒体元素的名称，在画布（或时间轴的轨道）上选定某个媒体元素，同时在"视觉"属性面板中使用鼠标拖曳缩放右侧的水平滑块，可以对该媒体进行放大或缩小；用鼠标拖曳不透明度右侧的水平滑块，可改变该媒体的透明程度，比例值越小，透明程度越高；媒体元素的位置、旋转均为三维，用户可在 X、Y、Z 三者后面相应的文本框中改变数据，从而调整媒体元素的三维位置和三维旋转角度。

4. 使用画布上媒体元素的快捷菜单编辑媒体元素

添加到画布上的媒体元素（同时添加到时间轴的轨道上），用户可以对其进行编辑操作。媒体元素编辑的内容包括位置、大小、旋转、排列、组合、属性、效果等，但需要配合使用画布上媒体元素快捷菜单与媒体元素属性面板中的各类面板，来完成媒体元素的编辑过程。添加到画布上（时间轴轨道上）的媒体元素，同样可以对其位置、大小、旋转、排列、组合进行编辑。

（1）编辑媒体元素的快捷菜单。

在画布上选定某个媒体元素，然后单击右键，打开媒体元素快捷菜单，如图 2-5 所示。该快捷菜单中包括"剪切"、"复制"、"粘贴"、"删除"、"复制属性"、"粘贴属性"、"复制效果"、"粘贴效果"、"缩放到适合"、"排列"、"组合"、"取消组合"、"添加视觉效果"、"隐藏属性"和"项目设置"命令。

（2）复制、剪切、粘贴、删除媒体元素。

在画布中选定某个媒体元素，单击右键，并在弹出的快捷菜

图 2-5　媒体元素的快捷菜单

单中选择"复制"、"剪切"、"粘贴"和"删除"命令，即可实现对媒体元素相应的操作。

（3）移动媒体元素位置。

移动媒体元素位置的方法有两种：一是选中媒体元素后，使用鼠标拖曳的方式直接移动媒体元素到所需的位置；二是选中媒体元素，利用键盘的方向键进行媒体元素位置的移动。

（4）调整媒体元素大小。

在画布上选定某个媒体元素，此时媒体元素四周会出现 8 个圆句柄，将鼠标移至媒体元素边缘的某个圆句柄上，按住鼠标左键拖曳圆句柄即可改变媒体元素的大小。

（5）旋转媒体元素。

在画布上选定媒体元素，此时媒体元素中心位置会出现圆句柄，将鼠标移到中心位置的圆句柄上，圆句柄的颜色会变为绿色，在绿色圆句柄上按住鼠标左键可以旋转媒体元素，并调整其呈现的角度。

（6）排列媒体元素。

添加到画布上的媒体元素，如果在时间轴上占据了不同的轨道并且播放的起始位置、终止位置相同，也就是说，在时间轴不同轨道的同一帧段上放置了多个媒体元素，就会涉及媒体元素的叠放顺序问题。

时间轴上越是上面轨道（画布上越是上面的层）的媒体元素在视觉上距离人越近，因此媒体元素的叠放顺序，实质上是指轨道的上下排列顺序（画布上媒体元素的上下叠放顺序）。调整媒体叠放顺序的命令有"置于顶层"、"上移一层"、"下移一层"和"置于底层" 4 个命令。画布上调整媒体叠放顺序的方法为，选定媒体元素并单击右键，在弹出的快捷菜单中选择"排列"菜单的子菜单中相应的命令，来实现媒体元素叠放顺序的调整。

（7）组合媒体元素。

可以将在画布上编辑完成的多个媒体元素组合为一个对象，也可以将组合的对象取消组合，拆分为多个对象。组合媒体元素可在画布上进行，也可以在时间轴上进行。

在画布上组合与拆分媒体元素。首先把要组合的媒体元素选定，然后单击右键，在弹出的快捷菜单中选择"组合"命令，则会把所选的多个媒体元素组合为一个对象。选择已组合的媒体元素对象并单击右键，在弹出的快捷菜单中选择"取消组合"命令，则会把该组合对象拆分为多个对象。

在时间轴上组合与拆分媒体元素。先按住"Ctrl"键，并在时间轴上选中需要组合的多个媒体元素，然后执行上述同样的操作步骤，也会实现媒体元素的组合与拆分。

5. 视觉属性的复制与粘贴

添加到画布上的媒体元素，在运用视觉属性面板设置其常规属性以后，可以把它的常规属性快速应用于其他的媒体元素上，这种操作相当于 Office 软件中用某个对象的格式去刷其他对象。它的操作方法如下：在画布上选定已经设置过视觉属性的 A 媒体元素，在其上单击右键，并在弹出的快捷菜单中选择"复制"属性命令，再选择 B 媒体元素并在其上单击右键，在弹出的快捷菜单中选择"粘贴"属性命令，这样就可快速地把 A 媒体元素的属性值赋予另外一个或多个媒体元素。

6. 媒体元素的播放顺序与叠放顺序

在同一轨道水平方向上媒体元素的排列顺序，决定着最终生成视频画面中媒体元素的播放顺序。排列在轨道左侧的媒体元素先播放，排列在轨道右侧的媒体元素后播放。因此，轨道水平方向实质就是视频播放的时间线。

不同轨道在垂直方向的排列顺序，决定着最终生成视频画面中媒体元素的叠放顺序，排列在时间靠上部轨道的媒体元素在画面的感觉中距离人较近，排列于时间轴靠下部轨道的媒体元素在画面的感觉中距离人较远。垂直方向所有轨道同一帧的画面会同时播放。

7. 轨道操作

轨道是时间轴的重要组成部分，轨道可以有若干条，用户可以根据需要随时增减轨道的数量。每条轨道都可以添加视频、音频、图片等媒体元素。

当轨道数量较多时，轨道区域右侧会出现垂直滚动条，用户可以使用鼠标上下拖曳垂直滚动条，查看不同的轨道内容；当某个轨道媒体元素时间较长时，轨道区域下部会出现水平滚动条，用户可以使用鼠标左右拖曳水平滚动条，在水平方向上查看轨道上的内容。

轨道的操作主要包括插入轨道、删除轨道、重命名轨道、选择轨道上所有媒体、打开/关闭轨道、锁定/解锁轨道、缩放轨道等，轨道不能使用鼠标拖曳的方法改变其排列顺序，轨道的操作需要使用快捷菜单完成。

（1）插入轨道。

插入轨道是指添加一条新轨道，通常有 3 种方法。一是在时间刻度尺左侧单击"添加轨道"按钮 ，即可在所有轨道的上方添加一条新轨道；二是在轨道区域选定某个轨道，然后在轨道上的空白位置单击右键，并在弹出的快捷菜单中选择"插入轨道"命令，然后选择子菜单项的"上面"或"下面"命令，即可在所选轨道的上方或下方插入一条新轨道；三是从媒体箱或库中将媒体元素拖曳到轨道区域最上方的空白位置，即可自动添加新轨道。

（2）删除轨道。

用户可以将未使用的轨道删除，删除轨道分为删除选定的轨道和删除所有空白轨道。在轨道区域内选定某个轨道，单击右键，并在弹出的快捷菜单中选择"删除轨道"命令，如图 2-6 所示。如果该轨道上没有添加任何媒体元素（空轨道），则该轨道会直接被删除，如果该轨道上添加有媒体元素，则会弹出提示信息对话框，如图 2-7 所示，单击"是"按钮则可删除该轨道。在轨道区域空白位置单击右键，并在弹出的快捷菜单中选择"删除所有空白轨道"命令（见图 2-6），则所有空白轨道会一次性被全部删除。

图 2-6　轨道操作的快捷菜单

图 2-7　删除轨道时的提示信息对话框

（3）轨道重命名。

在轨道区域添加新轨道后，轨道的默认名称分别是轨道 1、轨道 2、轨道 3 等。轨道重命名的方法为，选定某个轨道并在其上单击右键，在弹出的快捷菜单中选择"重命名轨道"命令，或者在轨道名称上双击，此时轨道名称文本框处于可编辑状态，在其中输入轨道的新名称即可。

（4）禁用轨道与启用轨道。

轨道区域中所有轨道在默认情况下均为启用状态，在实际编辑过程中，用户根据需要可以控制某个或多个轨道的禁用或启用。启用轨道是为了编辑该轨道，而禁用轨道主要出于以下考虑：一是暂时不允许编辑该轨道上的媒体元素；二是用户编辑视频时，暂时不希望该轨道上的媒体元素出现在画布上；三是最终生成的视频中不包含该轨道上的媒体元素。

禁用与启用轨道的方法有两种：一是选定轨道单击右键，在弹出的快捷菜单中选择"禁用轨道/启用轨道"命令；二是选定轨道并单击"禁用轨道"按钮 或"启用轨道"按钮 ，以切换轨道的启用与禁用状态。如图 2-8 所示，轨道 1 和轨道 2 为启用状态，轨道 3 为禁用状态。被禁用的媒体元素不会显示在画布中，也不会出现在生成的视频中。

（5）锁定轨道与解锁轨道。

轨道区域中的所有轨道都有锁定和解锁两种状态。在轨道上编辑媒体元素时，为避免影响非当前编辑轨道的内容，往往把非编辑轨道锁定，只让当前编辑轨道处于解锁状态。锁定轨道上的媒体元素不能执行剪切、复制、粘贴、分割等任何操作，但能在画布上进行预览，并会出现在最后生成的视频中。

锁定轨道与解锁轨道有两种方法：一是在选定轨道上单击右键，并在弹出的快捷菜单中选择"锁定轨道/解锁轨道"命令；二是选定轨道并单击"锁定轨道"按钮 或"解锁轨道"按钮 ，以切换轨道的锁定与解锁状态。如图 2-9 所示，轨道 1 和轨道 2 为解锁状态，轨道 3 为锁定状态。当轨道处于解锁状态时，该按钮为灰色打开的锁；当轨道处于锁定状态时，该按钮为白色被锁的锁。

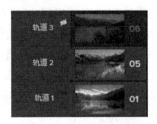　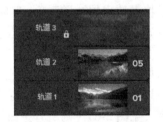

图 2-8　轨道的禁用与启用状态　　　图 2-9　轨道的锁定与解锁状态

（6）缩放轨道。

用户在编辑轨道上的媒体元素时，往往使用较小的时间单位进行媒体元素的选择与编辑，这就需要对轨道进行水平缩放，或垂直缩放。轨道的水平缩放可通过工具栏上的缩放按钮或缩放快捷菜单完成，前文已有介绍，在此不赘述。对轨道垂直方向进行放大操作时，可以设置音频点、调节音频的音量等操作。通过缩小轨道的操作则可以看到更多的轨道。

轨道垂直方向缩放有 3 种方法：一是使用时间刻度尺左侧的"调整所有轨道高度"垂直缩放条，在垂直缩放条上使用鼠标拖曳滑块向上滑动，则会在垂直方向放大轨道。使用鼠标拖曳滑块向下滑动，则会在垂直方向缩小轨道。二是将鼠标悬停在两条轨道名称之间的分隔线上，上下拖曳鼠标来改变下方轨道的垂直高度。三是选定某个轨道并在其空白位置单击右键，在弹出的快捷菜单中选择"最大化轨道"命令，该轨道则会在垂直方向最大化。

（7）标记轨道与测验轨道。

轨道区域有两种特殊轨道，分别是标记轨道和测验轨道。默认状态下，标记轨道和测验轨道都处于隐藏状态，且同一时刻只能打开其一。

标记轨道和测验轨道有显示和隐藏两种状态，在刻度尺的左侧有一个"显示或隐藏测验或标记轨道"按钮 ，单击该按钮，则显示标记轨道或测验轨道，在"标记"轨道或"测验"轨道上单击其右侧的菜单展开按钮，则显示"标记"和"测验"命令，选择其一，可打开对应的轨道，如图 2-10 所示，选择"标记"命令，则显示标记轨道。

图 2-10　显示标记轨道

8．轨道上媒体元素的复杂编辑

添加到轨道上的媒体元素需要进行编辑时，应先选定轨道上的某个媒体元素，然后才能对其进行相关的编辑操作。添加于轨道上（画布上）的媒体元素，可通过时间轴、预览窗口、属性面板三者相结合的方法，完成对所选媒体元素的复杂编辑。

（1）选择媒体。

轨道上媒体元素的选择可以分为帧选择和片段媒体选择。

①帧选择。选择一个特定帧的方法有 4 种：一是在"预览"窗口中单击"播放控制条"的"上一帧"或"下一帧"按钮，可一帧一帧地调整播放头滑块的位置；二是直接拖曳预览窗口中"播放进度条"的滑块，使播放头滑块调整到某一帧的位置上；三是使用鼠标拖曳播放头滑块，根据拖曳过程中鼠标的悬停提示时间，将播放头滑块定位到某一帧上；四是在时间轴刻度尺的某一帧上单击，此时播放头滑块会定位在该帧上。

②片段媒体选择。片段媒体的选择可以是一个片段媒体，也可以是多个片段媒体。

如果轨道上有若干独立片段媒体，想选择其中一个片段媒体，可在该片段媒体上直接单击选中即可。如图 2-11 所示，时间轴轨道 4 上有 3 张图片，直接单击图片 02 即可选中，被选中的图片呈现黄色边框。

图 2-11　选中一个片段媒体

选择多个片段媒体的方法是，按住键盘上的"Ctrl"键，然后在所需选择片段媒体上依次单击选中即可。选择的多个片段媒体可以是同一轨道上的不同片段媒体，也可以是不同轨道上的不同片段媒体。

③选择媒体元素中的局部内容。当使用鼠标左键拖曳选择起点滑块和选择终点滑块时，即设定了所选媒体局部内容的开始位置和结束位置，也就是该段媒体的局部内容被选定。选定的媒体局部内容在时间轴上为蓝色显示。被选中媒体局部内容的快捷菜单如图 2-12 所示。

图 2-12　被选中媒体局部内容的快捷菜单

（2）媒体元素的快捷菜单。

时间轴上媒体元素的编辑主要通过快捷菜单完成，在所选媒体元素上单击右键，弹出快捷菜单，不同类别媒体元素的快捷菜单有所不同。图片类媒体元素的快捷菜单如图 2-13 所示，视频类媒体元素的快捷菜单如图 2-14 所示，音频类媒体元素的快捷菜单如图 2-15 所示。

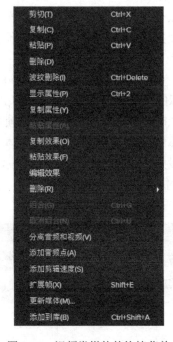

图 2-13　图片类媒体的快捷菜单　　图 2-14　视频类媒体的快捷菜单　　图 2-15　音频类媒体的快捷菜单

图片类、视频类、音频类的媒体元素共性菜单与差异性菜单如表 2-1 所示。

表 2-1　图片类、视频类、音频类的媒体元素共性菜单与差异性菜单列表

媒体元素类型	共性菜单名
图片类、视频类、音频类	"剪切"、"复制"、"粘贴"、"删除"、"波纹删除"、"显示属性"、"复制效果"、"粘贴效果"、"组合"、"取消组合"、"添加剪辑速度"、"更新媒体"和"添加到库"
图片类和视频	"复制属性"和"粘贴属性"

续表

媒体元素类型	差异性菜单名
图片类	"持续时间"
视频类	"分离音频和视频"、"添加音频点" 和 "扩展帧"
音频类	"添加音频点"

利用媒体元素的"剪切"、"复制"、"粘贴"、"删除"、"波纹删除"、"显示属性"、"复制效果"和"粘贴效果"等命令可以完成一些基本操作，在轨道的媒体元素上单击右键，并在弹出的快捷菜单中选择相应的菜单项来完成相应的编辑即可。

"波纹删除"是指把所选部分删除，如果此时选定的是多条轨道上的一部分，则被选定的多条轨道上的该部分会被一次性全部删除。

（3）在轨道上移动媒体元素。

使用鼠标拖曳的方法可随意改变媒体元素在轨道上的位置。

（4）调整剪辑速度。

调整剪辑速度是为了改变媒体元素的播放速度，剪辑速度越高，视频播放速度越快；剪辑速度越低，视频播放速度越慢。

调整剪辑速度的方法是，在轨道上选定某个媒体元素，单击右键，并在弹出的快捷菜单中选择"添加剪辑速度"命令，在该媒体占据的轨道上会自动添加一个名称为"剪辑速度 1.00x"的效果条，如图 2-16 所示。此时"剪辑速度"面板也会被打开，如图 2-17 所示。

图 2-16　图片中添加"剪辑速度"效果条　　　图 2-17　"剪辑速度"面板

"剪辑速度"面板用来设置速度与持续时间，速度数值与持续时间数值是联动变化的，当改变二者之一时，另一个数值也会随之变化。速度的设置是原始速度的整数倍，原始速度数值默认为 1.00x，持续时间的数值包括分、秒、帧，在各自右侧的文本框中输入所需的数值即可。

（5）更新媒体。

当用户发现添加到轨道上的媒体并不是需要的媒体而要更换时，可以在轨道媒体上单击右键，并在弹出的菜单中选择"更新媒体"命令，在打开的对话框中选择计算机磁盘中的媒体文件或 Camtasia Studio 库中的媒体文件进行替换即可。

（6）添加到库。

用户编辑完成的视频或音频，为使其能够在其他项目中使用，可以把编辑完成的媒体保存到库中。选取轨道上的媒体并单击右键，在弹出的快捷菜单中选择"添加到库"命令，就会将该媒体保存在 Camtasia Studio 的库中。

（7）设置图片的持续时间。

一般而言，媒体的持续时间主要是针对轨道上的图片而言的。默认情况下，一张图片的持续时间是 5 秒，当需要对其持续时间进行修改时，通常有两种方法：一是把鼠标移动到图片播放结束位置，按住鼠标左键向右拖曳，并通过观看鼠标的悬停提示，决定持续时间的长短；二是在轨道中的图片上单击右键，并在弹出的快捷菜单中选择"持续时间"命令，打开"持续时间"对话框，在该对话框中单击文本框右侧的"增大"或"减小"按钮，调整持续时间的数值，也可以直接输入持续时间数据，如图 2-18 所示，然后单击"确定"按钮即可。

（8）分离音频和视频。

轨道上的视频包含画面和音频两个部分，把音频和视频分离的方法是，在轨道上选定视频并单击右键，在弹出的快捷菜单中选择"分离音频和视频"命令，即可完成画面和音频的分离，分离后，画画和音频各占一条轨道。

（9）扩展帧。

当视频中某个帧需要增加播放时长时，可以通过扩展帧的方法来调整该帧的播放时间。扩展帧通常用来解决帧画面与音频长度不匹配的问题，也就是常说的音画不同步。

扩展帧的方法是，在轨道上把播放头滑块置于某个帧上，单击右键，并在弹出的快捷菜单中选择"扩展帧"命令，弹出"持续时间"对话框，在该对话框中调整或输入扩展帧的持续时间，扩展帧的默认时间为 1 秒，如图 2-19 所示，也就是说，选取某个帧并执行扩展帧操作时，该帧就会扩展为 1 秒。扩展帧的时间单位为秒，最小值为 0.1 秒，最大值可根据需要合理设定。

图 2-18　"持续时间"对话框　　　　　　　　图 2-19　扩展帧的操作

（10）多个媒体元素的组合。

为了便于对轨道上媒体元素的有效管理，Camtasia Studio 提供了媒体组合功能，创建组合的方法是：在同一轨道或不同轨道上选定多个媒体元素，然后单击右键，在弹出的快捷菜单中选择"组合"命令，即可将多个选定的媒体元素组合成一个对象。不同轨道的多个媒体元素组合如图 2-20 所示，同一轨道上多个媒体元素组合如图 2-21 所示。

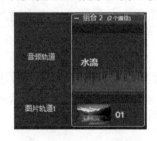

图 2-20　不同轨道的多个媒体元素组合　　　　图 2-21　同一轨道上多个媒体元素组合

在轨道上生成的组合会自动在其上面添加标题行，默认名称为组合 1、组合 2 等，同时显示由几个媒体组成。在组的名称上双击，可以重新命名组。在组上单击右键，弹出的快捷菜单中有"取消组合"、"打开组合"和"重命名组合"等命令，如果选择"取消组合"命令，即可取消组合。

9. 标记及其操作

Camtasia Studio 提供的标记可用于选取轨道上的媒体片段、快速分割媒体，也可以给视频创建一个播放目录，标记其与交互热点配合使用，以实现视频片段间的跳转。

标记分为时间轴标记和媒体标记两种类型。时间轴标记是指在标记轨道上创建的标记，此类标记对时间轴上的所有轨道均起作用。媒体标记是指在时间轴的某个轨道上创建的标记，这种标记只对某一个轨道起作用。

（1）显示标记与隐藏标记。

Camtasia Studio 编辑窗口中，默认情况下标记轨道是处于隐藏状态的。打开标记轨道的方法有多种：一是按组合键"Ctrl+M"显示；二是在时间轴左上角单击"显示或隐藏测验或标记轨道"按钮　；三是在 Camtasia Studio 编辑窗口选择"视图"命令，并在弹出的下拉菜单中选择"显示标记轨道"命令，如图 2-22 所示。

图 2-22　在"视图"下拉菜单中选择"显示标记轨道"命令

隐藏标记轨道的方法也有多种：一是按组合键"Ctrl+M"隐藏；二是在时间轴左上角单击"显示或隐藏测验或标记轨道"按钮　；三是在 Camtasia Studio 编辑窗口选择"视图"命令，在弹出的下拉菜单中选择"隐藏标记轨道"命令；四是在标记轨道上，单击右键，在弹出的快捷菜单中选择"隐藏标记轨道"命令，如图 2-23 所示。

图 2-23　在标记轨道的快捷菜单中选择"隐藏标记轨道"命令

（2）录制视频时添加标记。

Camtasia Studio 录制视频主要包括录制屏幕和录制幻灯片。录制屏幕时可以根据需要添加适当的标记，标记添加后还可以在编辑视频时进行编辑；录制幻灯片时可以在每张幻灯片间添加标记，也可以根据需要添加适当的标记，添加的标注同样也可以在视频编辑时修改。

使用 Camtasia Studio 的录像机录制视频时，如果录制工具栏窗口处于打开状态，单击"录制工具栏"窗口中的"添加标记"按钮，如图 2-24 所示，就会在录制视频的该时间点位置添加一个标记。在录制视频的过程中，按组合键"Ctrl+M"就会在对应时间点的位置添加一个标记。

图 2-24 "录制工具栏"窗口

（3）编辑视频时添加标记。

①隐藏标记轨道时添加时间轴标记。编辑视频时，默认情况下标记轨道是处于隐藏状态的，此时添加标记有两种方法：一是在视频处于播放状态时，按组合键"Shift+M"，则在播放头滑块所在位置添加一个标记，同时"标记"轨道自动打开，视频播放过程中再次按下组合键"Shift+M"，可继续添加标记；二是在"修改"菜单的"标记"子菜单中选择"添加时间轴标记"命令，此时播放头滑块所在位置就会添加一个标记。此时添加的标记是时间轴标记，标记轨道上显示为蓝色，这种标记对时间轴上的所有轨道均起作用。

②显示标记轨道时添加时间轴标记。标记轨道显示状态下，可将鼠标悬浮于标记轨道上，左右移动鼠标时会出现一个蓝色带有加号（+）的菱形标记图标，在需要添加标记处，单击即可创建标记。此时创建的是时间轴标记，其在标记轨道上显示为蓝色。

③显示标记轨道时添加媒体标记。标记轨道显示状态下，将鼠标悬浮于某个轨道上部的标记条上，左右移动鼠标时会出现一个蓝色带有加号（+）的菱形标记图标，在需要添加标记处，单击即可创建标记。此时创建的是媒体标记，其在该轨道标记条上显示为蓝色。

（4）选择标记。

标记的操作同样遵循先选定后操作的规则，将鼠标指针指向标记名称位置单击即可选择一个标记，并且被选中的标记框线变为黄色。按"Ctrl"键或"Shift"键在标记名称位置分别单击鼠标左键，则可以添加多个标记。

（5）移动标记。

在标记轨道显示状态下，无论是时间轴标记，还是媒体标记，其移动方法都相同，即将鼠标移动到时间标记或媒体标记上，按住鼠标左键向左右拖曳，就可以改变其位置标记。

（6）删除标记。

①删除一个标记。在标记轨道显示状态下，选中需要删除的标记并单击右键，在弹出的快捷菜单中选择"删除"命令或直接按"Delete"键即可删除。

②删除所有标记。在 Camtasia Studio 编辑窗口的"修改"菜单的"标记"子菜单中，选择"删除所有标记"命令即可，如图 2-25 所示。

（7）重命名标记。

准确地给标记命名既便于媒体片段的选择，也便于用户通过视频导航目录随机观看不同的视频片段，重命名标记的方法是，选择某个标记并在其上单击右键，在弹出的快捷菜单中选择"重命名"命令，此时在标记名称文本框中，输入新的标记名称即可。

（8）运用标记选择媒体片段。

运用标记能够快速、准确地选择媒体片段，在某一个标记上双击，播放头滑块便会自动移到此标记位置，使用鼠标选择终点滑块移动至一个标记，即可选择一个媒体片段。

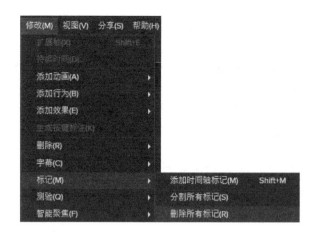

图 2-25　在"修改"菜单的"标记"子菜单中选择"删除所有标记"命令

10．分割轨道上的媒体

（1）分割选定轨道上的媒体。

在轨道上选定某个媒体，并在"编辑"菜单中选择"分割选定"命令或者在"时间轴"区域左上方，单击"分割"按钮，则只会对当前选定轨道上的媒体在播放头滑块位置予以分割。

（2）分割播放头滑块位置所有轨道上的媒体。

不管轨道是否被选中，在"编辑"菜单中选择"分割所有"命令，则会把所有轨道上的媒体在当前播放头滑块所在位置予以全部分割。

（3）运用标记分割媒体。

加载到一条或多条轨道上的媒体，运用标记可以一次性对这些轨道上的媒体添加标记位置，将其分割为多个媒体片段。操作方法是，在添加多个时间轴标记或媒体标记时，只需在"修改"菜单的"标记"子菜单中选择"分割所有标记"命令即可。

【操作体验】

【任务 2-1】　操作轨道与编辑轨道上的媒体

【任务描述】

（1）新建项目，并以"操作轨道与编辑轨道上的媒体"为名称保存该 Camtasia Studio 项目。

（2）将"图片 01"、"图片 02"和音频"水流"导入媒体箱中。

（3）使用鼠标拖曳的方法，将媒体箱中的图片添加到时间轴的轨道 1、轨道 2 上。

（4）将轨道 1 的名称改为"图片轨道 1"，将轨道 2 的名称改为"图片轨道 2"。

（5）在"图片轨道 1"与"图片轨道 2"之间插入新轨道，且将新轨道的名称改为"音频轨道"，使用鼠标拖曳的方法将媒体箱中的音频添加到时间轴的"音频轨道"上。

（6）分割音频并删除分割后的右段音频。

（7）删除"图片轨道 2"。

【任务实施】

（1）新建 Camtasia Studio 项目。

在"文件"菜单中，选择"新建项目"命令，新建一个 Camtasia Studio 项目。

（2）保存 Camtasia Studio 项目。

选择"文件"菜单的"保存"命令，打开"另存为"对话框，在该对话框中输入文件名"操作轨道与编辑轨道上的媒体"，然后单击"保存"按钮即可。

（3）导入图片和音频。

将"图片 01"、"图片 02"和音频"水流"导入到媒体箱中。

（4）将图片添加到时间轴的轨道上。

从媒体箱中使用鼠标拖曳的方法将"图片 01"和"图片 02"分别拖曳到轨道 1 和轨道 2 上。

（5）修改轨道 1、轨道 2 的名称。

双击轨道 1 的名称，将其修改为"图片轨道 1"。单击右键轨道 2，在弹出的快捷菜单中选择"重命名轨道"命令，把轨道名称修改为"图片轨道 2"。

（6）插入新轨道。

在"图片轨道 1"上单击右键，并在弹出的快捷菜单中选择"插入轨道"的"上面"命令，如图 2-26 所示。

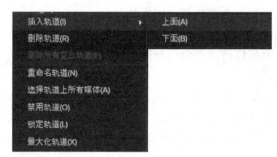

图 2-26　在快捷菜单中选择"插入轨道"的"上面"命令

插入的新轨道默认名称为"轨道 2"，双击该轨道名称，然后把该轨道名称修改为"音频轨道"

（7）将音频"水流"添加到"音频轨道"上。

使用鼠标拖曳的方法将音频"水流"从媒体箱中拖到"音频轨道"上。

（8）缩放轨道上的媒体元素。

在时间轴工具栏的"缩放条"位置上单击右键，并在弹出的快捷菜单中选择"缩放到适合"命令。

时间轴缩放到适合的外观如图 2-27 所示。

（9）分割音频。

选中"音频轨道"，使用鼠标把播放头滑块拖曳到"图片轨道 2"上图片"02"的结束位置，单击时间轴工具栏中的"分割"按钮，分割"音频轨道"上的音频。

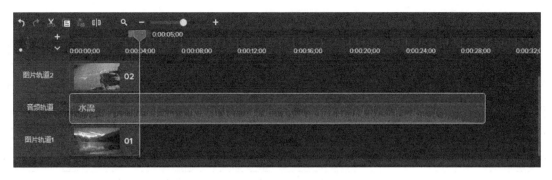

图 2-27　将时间轴缩放到适合

（10）删除分割后的部分音频。

单击右键被分割后的右段音频，并在弹出的快捷菜单中选择"删除"命令，如图 2-28 所示，即可删除分割后的部分音频。

图 2-28　在快捷菜单中选择"删除"命令

（11）删除"图片轨道 2"。

在"图片轨道 2"上单击右键，并在弹出的快捷菜单中选择"删除轨道"命令，弹出提示信息对话框，再单击"是"按钮，即可删除"图片轨道 2"（该轨道上的"图片 02"也一同被删除，但媒体箱中的"图片 02"并未被删除）。

在"文件"菜单中选择"保存"命令，对项目进行保存。

 【应用实战】

【任务 2-2】 裁剪视频"锦绣奇景"

【任务描述】

视频"锦绣奇景"包括片头、主体内容、片尾 3 部分，其中主体内容又包括 4 个片段，总时长为 3 分 3 秒 18 帧，其各组成部分的开始时间与持续时间如表 2-2 所示。

表 2-2　视频"锦绣奇景"各组成部分的开始时间与持续时间

序　号	片 段 名 称	开 始 时 间	持 续 时 间	结 束 时 间
1	片头	0:00:00;00	5 秒 18 帧	0:00:05;18
2	锦绣奇景	0:00:05;18	11 秒 10 帧	0:00:16;28
3	斑斓仙境——九寨沟和黄龙	0:00:16;28	52 秒 22 帧	00:01:09;20
4	大自然的迷宫——张家界	00:01:09;20	54 秒 3 帧	00:02:03;23
5	人在画中游——桂林	00:02:03;23	54 秒 3 帧	00:02:57;26
6	片尾	00:02:57;26	5 秒 22 帧	00:03:03;18

　　将该视频的片头、片尾,以及主体内容进行裁剪,并生成 6 个独立的视频文件,名称分别为"中国风景片头"、"中国风景片尾"、"中国风景概貌"、"斑斓仙境——九寨沟和黄龙"、"大自然的迷宫——张家界"和"人在画中游——桂林"。

　　【任务实施】

　　1．生成"中国风景片头"

　　(1)在 Camtasia Studio 编辑窗口中导入媒体。

　　选择"文件"菜单的"新建项目"命令,新建一个项目,然后导入视频"锦绣奇景"。

　　(2)将视频"锦绣奇景"添加到轨道上。

　　在媒体箱中选择视频"锦绣奇景",然后按住鼠标左键将其拖曳到"轨道 1"的位置。

　　(3)预览视频。

　　单击"播放"按钮,在预览窗口中预览视频"锦绣奇景"。

　　(4)显示标记轨道。

　　在 Camtasia Studio 编辑窗口中选择"视图"菜单中的"显示标记轨道"命令。

　　(5)定位裁剪点。

　　视频"锦绣奇景"预览完成后,将播放头滑块拖曳到裁剪点位置,然后利用视频操作工具中的"上一帧" ◀ 或"下一帧" ▶ 调帧按钮,准确定位到裁剪点"0:00:05;18"。

　　(6)添加媒体标记。

　　在显示标记轨道状态下,将鼠标悬浮于轨道 1 上方的标记轨道,再左右拖曳鼠标指针,此时会出现一个蓝色带有加号(+)的菱形标记图标和一条蓝色直线标识,如图 2-29 所示。在裁剪点"0:00:05;18"的位置上单击即可创建媒体标记,该轨道上边界将显示为蓝色,并出现"标记 1"的字样,如图 2-30 所示。

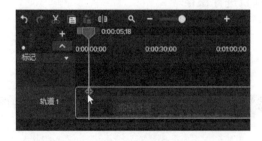

图 2-29　在标记轨道上出现菱形标记

图 2-30　添加一个媒体标记

（7）分割视频。

首先选择轨道 1 上的媒体元素，然后在"时间轴"区域左上方，单击"分割"按钮▉▉，在播放头滑块的当前位置将视频进行分割。

（8）缩小时间轴。

在"时间轴"区域单击工具栏中缩放条上的"缩小时间轴"按钮▬，将缩放滑块向缩放条左侧移动，表示轨道上的媒体元素将缩小一定比例。在水平方向缩小时间轴，能使轨道上的媒体元素在缩小状态下全部可见。

也可以单击右键缩放条，在弹出的快捷菜单中选择"缩放到适合"命令，如图 2-31 所示。使轨道上的媒体元素在缩小状态下全部可见，如图 2-32 所示。在缩放条上直接单击"将所有媒体置于时间轴上查看"按钮，也可以使轨道上的媒体元素在缩小状态下全部可见。

图 2-31　在缩放条的快捷菜单中选择"缩放到适合"命令

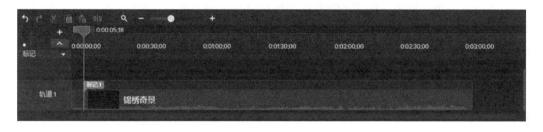

图 2-32　将轨道上的媒体元素缩放到适合

（9）删除视频片段。

选中需要删除的视频片头，这里选中标记 1（"0:00:05;18"）至视频结束的位置，然后按"Delete"键，将其删除即可。

（10）保存视频项目。

选择"文件"菜单中的"保存"命令，打开"另存为"对话框，在该对话框中输入文件名"中国风景片头"，然后单击"保存"按钮即可。

（11）生成并分享视频。

单击"分享"按钮，打开其下拉菜单，从下拉菜单中选择生成与分享视频的方式，这里单击选择第 1 种方式"本地文件"。打开"生成向导"之"欢迎来到 Camtasia 生成向导"界面，在该界面的下拉列表框中选择"MP4 与 Smart Player（最大 1080p）"选项，如图 2-33 所示。

图 2-33　在"欢迎来到 Camtasia 生成向导"界面选择"MP4 与 Smart Player（最大 1080p）"选项

　　单击"下一步"按钮，打开"您希望在哪里保存视频文件？"界面，在该界面中设置视频文件的项目名称"中国风景片头"、存放文件夹"C:\教学素材\单元 2"等内容，如图 2-34所示。

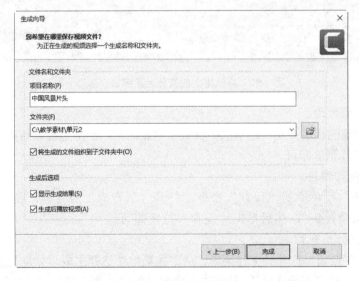

图 2-34　"您希望在哪里保存视频文件？"界面

　　单击"完成"按钮，弹出"渲染项目"对话框开始对视频进行渲染，并显示视频的渲染进度。视频渲染完成后，生成文件夹、视频文件及其他多个文件，包括视频"中国风景片头"。同时显示"生成结果"界面，如图 2-35 所示，单击"完成"按钮即可。

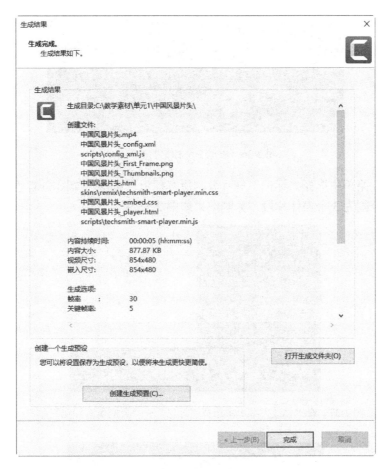

图 2-35　"生成结果"界面

2. 生成"中国风景片尾"

在 Camtasia Studio 编辑窗口中，选择"文件"菜单的"新建项目"命令，新建一个项目。

生成"中国风景片尾"视频的操作步骤与生成"中国风景片头"视频的类似，其中定位裁剪点通过调帧按钮，可准确定位到裁剪点"00:02:57;26"上，在该位置添加一个标记，单击选择轨道 1 上的媒体元素，然后在"时间轴"区域左上方，单击"分割"按钮，在播放头滑块的当前位置将视频进行分割。删除视频片段则是选中视频开始位置至裁剪点之前的视频，然后按"Delete"键，将其删除即可。再选中留下的片尾视频，用鼠标拖曳的方式将该片尾视频拖曳到轨道 1 的开始位置。

保存视频项目名称为"中国风景片尾"，生成并分享项目名称为"中国风景片尾"，存放到文件夹"C:\教学素材\单元 2"中。

3. 生成"中国风景概貌"

选择"文件"菜单的"新建项目"命令，新建一个项目。

生成"中国风景概貌"视频的操作步骤与生成"中国风景片头"视频的类似，其中定位第 1 个裁剪点，通过调帧按钮准确定位到裁剪点"0:00:05;18"，在该位置添加一个标记，名称为"标记 1"。定位第 2 个裁剪点，通过调帧按钮准确定位到裁剪点"0:00:16;28"，在该位置添加一个标记，名称为"标记 2"。添加 2 个标记的时间轴，如图 2-36 所示。

图 2-36　添加 2 个标记的时间轴

在"修改"菜单中选择"标记"→"分割所有标记"命令，如图 2-37 所示。快速将轨道 1 上的媒体分割为 3 个媒体片段，分割结果如图 2-38 所示。

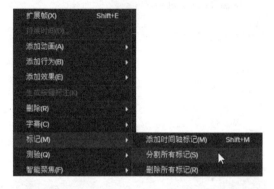

图 2-37　在"修改"菜单中选择"标记"→"分割所有标记"命令

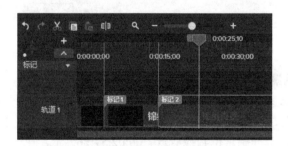

图 2-38　轨道上的媒体被分割为 3 段

删除视频片段 1 就是选中视频开始位置至裁剪点"0:00:05;18"之前的视频，然后按"Delete"键，将其删除即可。删除视频片段 2 就是选中裁剪点"0:00:16;28"至视频结束位置的视频，然后按"Delete"键，将其删除即可。

选中未删除的片尾视频，用鼠标将该片尾视频拖曳到轨道 1 的开始位置。

保存视频项目名称为"中国风景概貌"，生成并分享项目名称为"中国风景概貌"，存放到文件夹"C:\教学素材\单元 2"中。

4．生成"斑斓仙境——九寨沟和黄龙"

选择"文件"菜单的"新建项目"命令，新建一个项目。

生成"斑斓仙境——九寨沟和黄龙"视频的操作步骤与生成"中国风景片头"视频的类似，其中定位第 1 个裁剪点，通过调帧按钮准确定位到裁剪点"0:00:16;28"，在该位置添加一个标记，名称为"标记 1"。定位第 2 个裁剪点，通过调帧按钮准确定位到裁剪点

"00:01:09;20"，在该位置添加一个标记，名称为"标记 2"。

在"修改"菜单中选择"标记"→"分割所有标记"命令，快速将轨道 1 上的媒体分割为 3 个媒体片段。

删除视频片段 1 就是选中视频开始位置至裁剪点"0:00:16;28"之前的视频，然后按"Delete"键，将其删除即可。删除视频片段 2 就是选中裁剪点"00:01:09;20"至视频结束位置的视频，然后按"Delete"键，将其删除即可。

选中未删除的片尾视频，用鼠标将该片尾视频拖曳到轨道 1 的开始位置。

保存视频项目名称为"斑斓仙境——九寨沟和黄龙"，生成并分享项目名称为"斑斓仙境——九寨沟和黄龙"，存放到文件夹"C:\教学素材\单元 2"中。

5. 生成"大自然的迷宫——张家界"

选择"文件"菜单中的"新建项目"命令，新建一个项目。

生成"大自然的迷宫——张家界"视频的操作步骤与生成"中国风景片头"视频的类似，其中定位第 1 个裁剪点，通过调帧按钮准确定位到裁剪点"00:01:09;20"，在该位置添加一个标记，名称为"标记 1"。定位第 2 个裁剪点，通过调帧按钮准确定位到裁剪点"00:02:03;23"，在该位置添加一个标记，名称为"标记 2"。

在"修改"菜单中选择"标记"→"分割所有标记"命令，快速将轨道 1 上的媒体分割为 3 个媒体片段。

删除视频片段 1 就是选中视频开始位置至裁剪点"00:01:09;20"之前的视频，然后按"Delete"键，将其删除即可。删除视频片段 2 就是选中裁剪点"00:02:03;23"至视频结束位置的视频，然后按"Delete"键，将其删除即可。

选中未删除的片尾视频，用鼠标将该片尾视频拖曳到轨道 1 的开始位置。

保存视频项目名称为"大自然的迷宫——张家界.tscproj"，生成并分享项目名称为"大自然的迷宫—张家界"，存放到文件夹"C:\教学素材\单元 2"中。

6. 生成"人在画中游——桂林"

选择"文件"菜单中的"新建项目"命令，新建一个项目。

生成"人在画中游——桂林"视频的操作步骤与生成"中国风景片头"视频的类似，其中定位第 1 个裁剪点，通过调帧按钮准确定位到裁剪点"00:02:03;23"，在该位置添加一个标记，名称为"标记 1"。定位第 2 个裁剪点，通过调帧按钮准确定位到裁剪点"00:02:57;26"，在该位置添加一个标记，名称为"标记 2"。

在"修改"菜单中选择"标记"→"分割所有标记"命令，快速将轨道 1 上的媒体分割为 3 个媒体片段。

删除视频片段 1 就是选中视频开始位置至裁剪点"00:02:03;23"之前的视频，然后按"Delete"键，将其删除即可。删除视频片段 2 就是选中裁剪点"00:02:57;26"至视频结束位置的视频，然后按"Delete"键，将其删除即可。

选中未删除的片尾视频，用鼠标将该片尾视频拖曳到轨道 1 的开始位置。

保存视频项目名称为"人在画中游——桂林"，生成并分享项目名称为"人在画中游——桂林"，存放到文件夹"C:\教学素材\单元 2"中。

【任务 2-3】　运用标记分段预览视频 "四季八达岭" 并生成带导航

目录的视频文件

【任务描述】

（1）将视频 "四季八达岭" 导入媒体箱中。

（2）将媒体箱中的视频 "四季八达岭" 添加到时间轴的轨道 1 中。

（3）在 Camtasia Studio 窗口中预览视频 "四季八达岭"。

（4）在轨道 1 的时间点 "0:01:04;22"、"0:01:28;03"、"0:01:51;18"、"0:02:15;04" 和 "0:02:49;06" 上分别添加标记，并重命名为 "春"、"夏"、"秋"、"冬" 和 "标记 5"。

（5）以 "四季八达岭" 为名称保存视频项目。

（6）运用标记选择媒体片段，并进行预览。

（7）生成带导航目录的视频文件。

【任务实施】

（1）在 Camtasia Studio 编辑窗口导入媒体。

选择 "文件" 菜单的 "新建项目" 命令，新建一个项目，然后导入视频文件 "四季八达岭"。

（2）将视频文件 "锦绣奇景" 添加到轨道上。

在媒体箱中选中视频文件 "四季八达岭"，然后按鼠标左键将其拖曳到 "轨道 1" 的位置。

（3）预览视频。

单击 "播放" 按钮，在 "预览窗口" 预览一次视频文件 "四季八达岭"。

（4）显示标记轨道。

选择 "视图" → "显示标记轨道" 命令，如图 2-39 所示。

图 2-39　在 "视图" 下拉菜单中选择 "显示标记轨道" 命令

（5）定位添加标记时间点。

视频 "四季八达岭" 预览完成后，将播放头滑块拖曳到裁剪点位置，然后利用视频操作工具中的 "上一帧" ◀或 "下一帧" ▶调帧按钮，准确定位到裁剪点 "0:01:04;22"。

（6）添加媒体标记。

在显示标记轨道状态下，将鼠标悬浮于轨道 1 上方的标记轨道上，并左右移动鼠标指针，此时会出现一个蓝色带有加号（+）的菱形标记图标和一条蓝色直线标识，在裁剪点"0:01:04;22"位置单击即可创建媒体标记，在该轨道上边界显示为蓝色，并显示"标记 1"的字样。在"属性"的"标记"面板中输入标记名称为"春"，如图 2-40 所示。

图 2-40　"标记"面板输入标记名称

为轨道 1 的媒体添加一个名称为"春"的标记，如图 2-41 所示。

图 2-41　为轨道 1 的媒体添加一个名称为"春"的标记

按照类似方法，分别在时间点"0:01:28;03"、"0:01:51;18"、"0:02:15;04"和"0:02:49;06"上添加标记，依次命名为"夏"、"秋"、"冬"和"标记 5"。

为轨道 1 上的媒体添加 5 个标记的结果如图 2-42 所示。

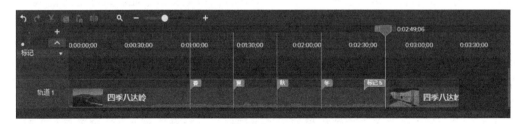

图 2-42　为轨道 1 上的媒体添加 5 个标记的结果

（7）保存视频项目。

选择"文件"菜单的"保存"命令，打开"另存为"对话框，在该对话框中输入文件名"四季八达岭"，然后单击"保存"按钮即可。

（8）运用标记选择媒体片段并预览。

运用标记能够快速、准确地选择媒体片段，在轨道 1"春"标记上双击，播放头滑块就会自动移到"春"的标记位置，再用鼠标选择终点滑块向下一个标记"夏"移动，当靠近标记"夏"时，该滑块会自动吸附上去，完成一个媒体片段的选择。

然后，单击"播放"按钮，即可实现局部预览视频。

（9）生成带导航目录的视频文件。

单击"分享"按钮，在其下拉菜单中选择第 1 种方式"本地文件"，打开"生成向导"的"欢迎来到 Camtasia Studio 生成向导"下拉列表框中选择"自定义生成设置"命令。单击"下一步"按钮进入"您想如何生成视频"界面，在该界面选择默认的"MP4"格式。继续单击"下一步"，进入"生成向导"的"Smart Player 选项"界面，在该界面切换到"选项"选项卡，并勾选其中的"目录"复选框，如图 2-43 所示。

图 2-43　"生成向导"的"Smart Player 选项"界面

单击"下一步"按钮，进入"视频选项"界面，继续单击"下一步"按钮，进入"标记选项"界面，该界面包括"目录"和"显示选项"两部分内容的设置。"目录"包括"标记条目数量"和"最初可见目录"两个复选框，"目录"还包括一个列表框，其中列出了编辑视频时添加标记的名称，如果选择其中之一，则在右侧预览窗口中显示该标记的视频，单击"重命名"按钮可以修改该标记的名称。"显示选项"包括"固定左侧"、"固定右侧"和"标记显示"3 部分。其中"固定左侧"和"固定右侧"决定生成视频导航目录在视频中的位置。"标记显示"的下拉列表框有 3 个选项："带缩略图的文本"、"仅文本"和"仅缩略图"，根据需要进行选择即可。该界面左下角还有一个"预览"按钮，单击该按钮可以预览当前的设置效果。

在"生成向导"的"标记选项"界面勾选"标记条目数量"和"最初可见目录"两个复选框，在"显示选项"下选中"固定左侧"单选项，在"标记显示"右侧的下拉列表框中选择"带缩略图的文本"命令，如图 2-44 所示。

单击"下一步"按钮，进入"生成向导"的"生成视频"界面，如图 2-45 所示，单击"完成"按钮，进入视频的渲染阶段。

视频渲染完成后生成一个文件夹和多个文件，同时显示"生成完成"界面，在该界面单击"完成"按钮即可。

在浏览器中打开网页文件"四季八达岭"浏览视频时，可以看到生成的视频中左侧有视频导航目录，如图 2-46 所示。单击某个目录，就会切换到对应位置播放视频。

图 2-44　"生成向导"的"标记选项"界面

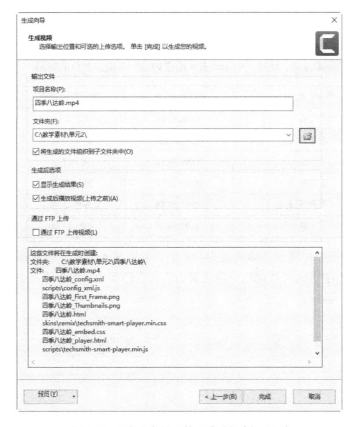

图 2-45　"生成向导"的"生成视频"界面

图 2-46　　网页中浏览左侧带导航目录的视频

【自主训练】

【任务 2-4】　裁剪视频"中国风景之山峦如画"

【任务描述】

视频"中国风景之山峦如画"包括片头、主体内容、片尾 3 部分，其中主体内容又包括 4 个片段，总时长为 3 分 1 秒 7 帧。它的各组成部分的时间如表 2-3 所示。

表2-3　视频"中国风景之山峦如画"各组成部分的时间

序　　号	片 段 名 称	开 始 时 间	持 续 时 间	结 束 时 间
1	片头	0:00:00;00	7秒 8 帧	0:00:07;08
2	泼墨黄山	0:00:07;08	67秒 7 帧	00:01:14;15
3	重彩泰山	00:01:14;15	14秒 7 帧	00:01:28;22
4	工笔庐山	00:01:28;22	30秒 26 帧	00:01:59;18
5	写意华山	00:01:59;18	56秒 29 帧	00:02:56;17
6	片尾	00:02:56;17	4秒 20 帧	00:03:01;07

试将该视频片头、片尾及主体内容进行裁剪，并生成 6 个独立的视频文件，名称分别为 "中国风景片头"、"中国风景片尾"、"泼墨黄山"、"重彩泰山"、"工笔庐山"和"写意华山"。

单元3 录制视频与幻灯片

录制视频是 Camtasia Studio 的重要功能之一，主要包括录制屏幕操作、录制 PPT 操作和摄像头录制视频。

【知识梳理】

1."录制工具"窗口

（1）打开"录制工具"窗口。

在 Camtasia Studio 编辑窗口的左上角单击"录制"按钮，打开"录制工具"窗口，该窗口包括菜单栏、选择区域、录制输入、录制按钮 4 个组成部分，如图 3-1 所示。

图 3-1 "录制工具"窗口

（2）"录制工具"窗口的菜单栏。

菜单栏包括"捕获"、"效果"、"工具"和"帮助" 4 个选项。

① "捕获"菜单。

"捕获"菜单包括"录制"、"停止"、"删除"、"选择要录制的区域"、"固定到应用程序"、"录制音频"和"录制摄像头" 7 个命令，如图 3-2 所示。"录制"命令的快捷键为"F9"，即按"F9"键就可开始录制，"停止"命令的快捷键为"F10"，即按"F10"键则停止录制。

图 3-2 "捕获"菜单

选择"捕获"菜单中的"选择要录制的区域"命令，可立即进入录制区域的选择状态，当鼠标指针变为十字形状时，在屏幕上按住鼠标左键拖曳，形成一个矩形区域，该区域被设置为录制区域。

选择"捕获"菜单中的"固定到应用程序"命令，鼠标指针变为十字形状，同时被录制的应用程序窗口周围呈现黄色的矩形框，单击即开始对该应用程序窗口进行录制。

② "效果"菜单。

"效果"菜单包括"注释"、"使用鼠标单击声音"和"选项" 3 个命令，其中"注释"包括"添加系统戳记"和"添加标题"两个子菜单项，如图 3-3 所示。当选中"添加系统戳记"子菜单项时，可通过"效果选项"窗口，为录制的视频预设系统戳记；当选中"添加标题"子菜单项时，可通过"效果选项"窗口，为录制的视频预设水印内容。如果选择"使用鼠标单击声音"命令，则在录制视频时鼠标单击的声音将被一同录入视频中。选择"选项"

命令则会打开"效果选项"窗口，在该窗口中可以设置"注释"和"声音"。

③"工具"菜单。

"工具"菜单包括"Camtasia"、"Screencast.com"、"选项"和"录制工具栏"4 个命令，如图 3-4 所示。其中"Camtasia"和"Screencast.com"两项命令用于登录指定的网站，选择"选项"命令可打开"工具选项"对话框，选择"录制工具栏"命令可打开"录制工具栏"对话框。

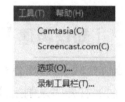

图 3-3　"效果"菜单　　　　　　　　　　　　　　　　　图 3-4　"工具"菜单

④"帮助"菜单。

"帮助"菜单包括"Camtasia Recorder 帮助"、"教程/使用方法"、"技术支持"、"TechSmith 网站"和"关于 Camtasia"等内容，如图 3-5 所示。

（3）"录制工具"窗口的选择区域。

"录制工具"窗口的选择区域包括"全屏"和"自定义"两个按钮。

"全屏"是指录制计算机的整个屏幕，也就是计算机的整个桌面。

图 3-5　"帮助"菜单

"自定义"是指根据需要自行设置录制区域，录制区域有锁定宽高比和非锁定宽高比两种状态。当单击"自定义"按钮时，其右侧会显示宽度、高度文本框和"锁定"按钮，如图 3-6 所示。单击"锁定"按钮可以切换锁定/非锁定状态。当处于锁定状态时，改变宽度或高度文本框中的数值，则高度或宽度的数值可等比例缩放。当处于非锁定状态时，改变宽度或高度文本框中的数值，则高度或宽度的数值不会改变。

图 3-6　"选择区域"显示的宽度、高度文本框和"锁定"按钮

单击"自定义"按钮右侧的下拉按钮，打开尺寸选择下拉列表框，包括"宽屏"、"标准"、"最近录制的区域"、"固定到应用程序"和"选择要录制的区域"等命令，如图 3-7 所示，根据需要选择录制屏幕的尺寸即可。

自定义录制区域还有一种方法：单击"自定义"按钮后，在计算机桌面上出现一个绿色虚线并且带有 8 个方句柄的矩形框，使用鼠标左键拖曳 8 个方句柄中的任意一个，均会改变录制的大小。绿色虚线矩形框正中间有一个罗盘，使用鼠标拖曳"罗盘"图标，可以改变录制区域在屏幕上的位置，如图 3-8 所示。

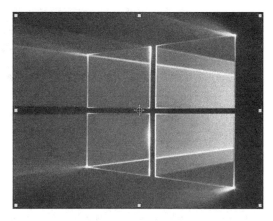

图 3-7　尺寸选择下拉列表框　　　　图 3-8　使用鼠标拖曳的方法调整录制区域的尺寸及位置

录制某个应用程序窗口的方法：首先，单击"自定义"按钮右侧的"锁定"按钮，使宽度和高度比处于解锁状态；其次，使用鼠标左键拖曳录制区域中"罗盘"图标调整矩形框在屏幕上的位置，并使用鼠标左键拖曳屏幕上绿色虚线矩形框上的方句柄，调整其宽度和高度使其与应用程序窗口大小相同；接着，单击"自定义"按钮右侧的下拉按钮，在弹出的下拉菜单中选择"锁定应用程序"命令。这样录制开始后，所录制的区域限制为选定的应用程序窗口区域。

（4）"录制工具"窗口的录制输入设置。

①设置摄像头。

需要使用摄像头录制计算机外部的画面时，首先计算机要安装好摄像头，在录制视频前打开摄像头，这样在录制计算机屏幕操作的同时，摄像头也会录制计算机外部的画面，从而形成画中画效果。

摄像头打开状态下，在其按钮上显示绿色"√"，其右侧会出现摄像头所录制的视频预览小窗口，当鼠标指针悬停在该小窗口时，其上方会出现一个视频预览窗口，此时可以调整被摄像头录制的画面区域。

单击"摄像头"右侧的下拉按钮，弹出的菜单包含
"USB2.0 PC CAMERA"和"选项"两个命令，其中"USB2.0
PC CAMERA"已被选中，表示使用了摄像机，如图 3-9
所示。惹选择"选项"命令，则会打开"工具选项"对话
框话，显示"输入"选项卡。

②设置传声器（麦克风）。

如果录制视频时需要录制声音，则要使用麦克风。在
"录制输入"区域"音频"按钮位置出现一个绿色的"√"，

图 3-9　"摄像头"右侧的下拉菜单

表示启用了音频录制。单击该按钮右侧的下拉按钮，会
弹出下拉菜单，该菜单包括"麦克风"、"不录制麦克风"、"录制系统音频"和"选项"4 个
命令，如图 3-10 所示。如果选择"麦克风"命令，则表示使用麦克风录制音频；如果选择
"不录制麦克风"命令，则表示不再通过麦克风录制音频；如果选择"录制系统音频"命令，
则表示通过系统内录方式录制计算机播放的声音，不会掺入噪声；如果选择"选项"命令，

则会打开"工具选项"对话框，显示"输入"选项卡。

图 3-10   "音频"右侧的下拉菜单

（5）"录制工具"窗口的录制按钮。

"录制工具"窗口中"rec"红色按钮为录制按钮，完成录制区域、摄像头、音频等设置后，单击该按钮即开始录制视频，此时的"录制工具"窗口如图 3-11 所示。该窗口中的录制按钮变为"删除"、"暂停"和"停止"3 个按钮，在视频录制过程可以根据需要单击相应的按钮。单击"删除"按钮，可把刚录制的视频删除；单击"暂停"按钮，可将视频录制暂时停止；单击"停止"按钮，可将视频录制停止，此时所录制的视频会自动加载到 Camtasia Studio 的媒体箱和轨道中。

图 3-11   "录制工具"窗口

2．设置录制视频的参数

（1）设置录制视频时同步录制鼠标的单击声音。

录制视频时如果需要录制鼠标的单击声音，可在"录制工具"窗口的"效果"菜单中选择"使用鼠标单击声音"命令，这样在录制视频过程就会同步录制鼠标的单击声音了。

录制视频过程中，如果要在录制单击鼠标时出现音效，可在"录制工具"窗口的"效果"菜单中选择"选项"命令，打开"效果选项"对话框，选择"声音"选项卡，如图 3-12 所示。"声音"选项卡中包括"鼠标按键按下声音"、"鼠标按键松开声音"和"音量"3 个参数设置，声音来源于一个声音文件，其格式应为 wav 格式。

（2）设置录制视频时添加系统戳记和字幕。

使用 Camtasia Studio 录制视频，可以通过预设参数为录制视频添加系统戳记和字幕。它可为视频添加水印效果，其中系统戳记一般为日期、时间，字幕一般设置为视频的版权信息、特殊说明、附加信息等，这里的字幕并不是传统意义的视频字幕，而是形成视频的版权水印。录制视频时只能添加一段字幕，而且在录制过程中不能对字幕进行更改。如果保存字幕选项，则字幕会出现在每个录制的视频文件中。

为使添加的系统戳记在录制的视频中生效，需要选择"录制工具"→"效果"→"注释"→"添加系统戳记"，这样在录制视频时就会自动将设置的时间/日期一同录进视频。

图 3-12 "效果选项"对话框的"声音"选项卡

为使添加的字幕在录制的视频中生效,可选择"录制工具"→"效果"→"注释"→"添加字幕",这样在录制视频时就会自动将设置的字幕一同录进视频。

①设置系统戳记的参数。

在"效果选项"对话框中,切换到"注释"选项卡,该选项卡的"系统戳记"区域包括"时间/日期"、"时间/日期格式"、"已用时间"、"时间/日期优先显示"和"系统戳记选项"等按钮,如图 3-13 所示。

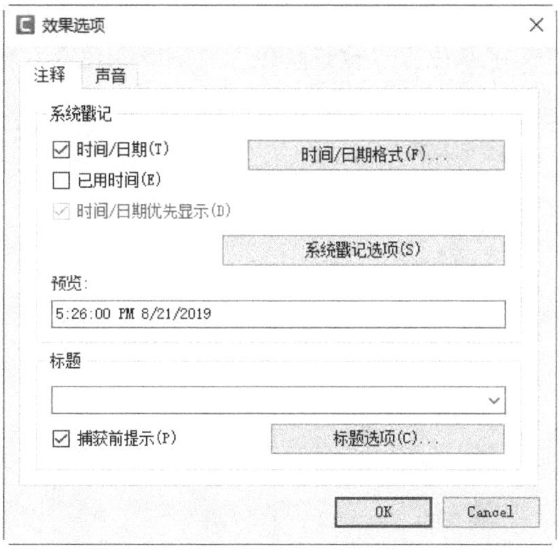

图 3-13 "效果选项"对话框的"注释"选项卡

最终在视频中生成的系统戳记包含的内容取决于"效果选项"对话框的"注释"选项卡"系统戳记"区域所选择的选项。在该选项卡中单击"时间/日期格式"按钮,打开"时间/日期格式"对话框,在该对话框中设置时间和日期格式。单击"系统戳记选项"按钮,打开"系统戳记选项"对话框,在该对话框中可以设置样式、位置、字体、文字颜色、背景颜色、阴影颜色、轮廓颜色等内容,如图 3-14 所示。

②设置字幕的参数。

在"效果选项"对话框中,切换到"注释"选项卡,该选项卡的字幕区域包括"标题"、

"捕获前提示"、"标题选项"等内容（见图 3-13）。

"标题"下拉列表框中可以输入字幕文本内容，如果勾选"捕获前提示"复选框，则在录制视频前弹出"输入标题"对话框，提示输入新的字幕文本或使用"效果选项"对话框设置文本内容，如图 3-15 所示。

图 3-14　"系统戳记选项"对话框

图 3-15　"输入标题"对话框

单击"标题选项"按钮，打开"标题选项"对话框，该对话框中可以设置字幕内容的"样式"、"位置"、"字体"、"文字颜色"、"背景颜色"、"阴影颜色"、"轮廓颜色"等，如图 3-16所示。

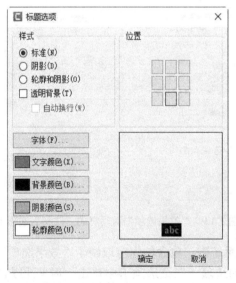

图 3-16　"标题选项"对话框

（3）设置录制时添加屏幕绘制。

录制视频时，可以对录制的内容添加箭头、线条、椭圆、矩形等，这些称为屏幕绘制。

①"录制工具栏"对话框。

选择"录制工具"→"工具"→"录制工具栏"，打开"录制工具栏"对话框，该对话框包括"音频"、"摄像头"、"统计"、"效果"和"持续时间"
5 个复选框,如图 3-17 所示,可以根据需要从中选择所需选
项。

②"录制工具"窗口显示"效果"区域。

在"录制工具栏"对话框中选中"效果"复选项,"录制
工具"窗口就会显示"效果"区域,如图 3-18 所示。

在"录制工具"窗口的"效果"区域可以选择工具、设
置颜色和宽度,然后再绘制所需的图形,绘制的图形操作会
一同被录制到视频中予以保存。

在"录制工具"窗口的"效果"区域单击"屏幕绘制"
按钮,屏幕绘制效果工具可以扩大或收缩,在屏幕绘制效果
工具扩大状态下,有矩形、填充矩形、椭圆、笔等工具,如
图 3-19 所示。

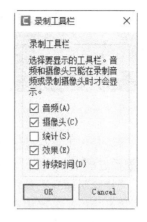

图 3-17　"录制工具栏"对话框

图 3-18　"录制工具"窗口显示"效果"区域

图 3-19　屏幕绘制效果工具的扩大状态

单击某组工具右侧的下拉箭头,弹出菜单包括"工具"、"颜色"和"宽度"子菜单,鼠
标指向"工具"菜单项,弹出的子菜单包括"画笔"、"箭头"、"线条"、"椭圆"、"矩形"和
"高亮"选项,需要使用哪一个工具就选择相应的选项即可,如图 3-20 所示。

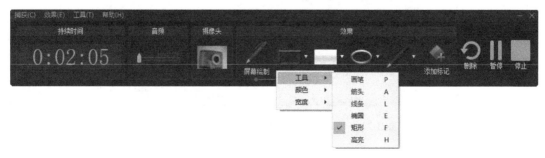

图 3-20　屏幕绘制效果矩形工具菜单

3．录制状态下的"录制工具"窗口

如果在"录制工具栏"对话框中统计、持续时间、音频、摄像头、效果 5 个复选项都被

选中，则在视频录制状态下打开的"录制工具"窗口如图 3-21 所示。

图 3-21　视频录制状态下的"录制工具"窗口

"统计"工具栏显示出相关的录制信息，包括"帧率"、"帧数"和"丢弃的帧数"。在录制视频过程中"帧数"后的数值会不断地增长。

"持续时间"工具栏显示出录制视频的持续时间长度，从左到右分别表示时、分、秒。

"音频"工具栏中有一个音量条，音量条上有音量调节滑块，使用鼠标左右拖曳音量滑块，可调节录制音频的音量。此时，如果通过传声器进行音频的输入，音量条上的音量滑块就会左右移动。如果音频电平在绿色到黄色的范围，则表示当前的音量合适；如果音频电平在橙色到红色范围，则表示音量不合适，可能会产生破音。

"摄像头"工具栏区域有一个预览窗口，可显示出摄像头获取的计算机外部画面。

"效果"工具栏是指录制视频时，为视频添加绘制、标记的工具栏。

4．设置工具选项

在"录制工具"窗口的"工具"菜单中选择"工具选项"命令，打开"工具选项"对话框，该对话框包括"常规"、"输入"、"热键"和"程序"4 个选项卡。

（1）设置常规参数。

选择"工具选项"的"常规"选项卡，该选项卡包括"帮助"、"捕获"和"保存"3 个设置，如图 3-22 所示。

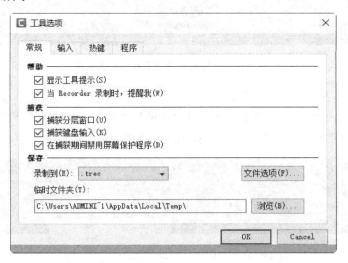

图 3-22　"工具选项"对话框的"常规"选项卡

（2）设置输入参数。

选择"工具选项"的"输入"选项卡，该选项卡包括"视频"、"音频"和"摄像头"等设置，如图 3-23 所示。

图 3-23　"工具选项"对话框的"输入"选项卡

　　"视频"设置区域包括"捕获帧率"、"视频设置"和"恢复默认值"3 个设置。

　　"音频"设置区域包括"音频设备"、音量测试条、"录制系统音频"和"音频设置"。其中"音频设置"右侧的下拉列表框有两个选项。当对着传声器讲话时，音量测试条会呈现波动状态，表示音量大小的变化；如果选中"录制系统音频"复选框，则表示可录制系统音频；单击"音频设置"按钮，打开"属性"对话框，在该对话框中可以对音频的相关参数进行调整。

　　"摄像头"设置区域包括"摄像头设备"、"设备属性"、"格式设置"和预览区域。单击"摄像头设备"右侧的下拉列表框中有两个选项。预览区域显示了当前摄像头抓取的外部画面。

　　在"输入"选项卡中单击"设备属性"按钮，打开"属性"对话框，该对话框包括"视频 Proc Amp"和"照相机控制"两个选项卡。"视频 Proc Amp"选项卡包括设置录制视频的"亮度"、"对比度"、"色调"、"饱和度"、"清晰度"、"伽玛"、"白平衡"、"逆光对比"、"增益"、"启用颜色"和"电力线频率（防闪烁）"等设置项，如图 3-24 所示，都可以使用鼠标拖曳其右侧的水平滚动条来调整每个选项的数值。"照相机控制"选项卡包括"缩放"、"焦点"、"曝光"、"光圈"、"全景"、"倾斜"、"滚动"和"低亮度补偿"等设置，同样可以使用鼠标拖曳其右侧水平滚动条来调整每个选项的数值。

　　单击"格式设置"按钮，打开"属性"对话框，该对话框主要用于设置数据流格式，包括"视频格式"和"压缩"等，如图 3-25 所示。

　　（3）设置热键。

　　选择"工具选项"对话框的"热键"选项卡，该选项卡主要用于相关操作的热键设置，包括"录制/暂停"、"停止"、"标记"、"屏幕绘制"、"选择区域"和"隐藏托盘图标"等方面的组合键设置，如图 3-26 所示。

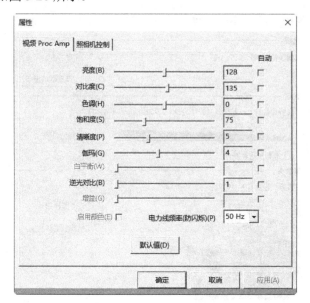

图 3-24   "属性"对话框的"视频 Proc Amp"选项卡

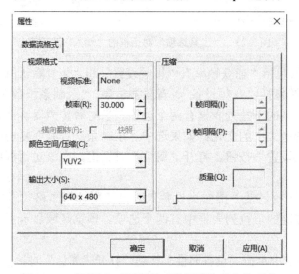

图 3-25   "属性"对话框的"数据流格式"选项卡

图 3-26   "工具选项"对话框的"热键"选项卡

（4）设置程序参数。

选择"工具选项"对话框的"程序"选项卡，该选项卡主要包括"录制区域"、"工作流程"和"最小化"等设置，如图 3-27 所示。

图 3-27　"工具选项"对话框的"程序"选项卡

5．录制视频的操作步骤

录制视频操作的基本步骤如下。

（1）在 Camtasia Studio 编辑窗口中，选择右上角的"录制"按钮，打开"录制工具"窗口。

（2）通过"录制工具"窗口设置录制区域，在选择区域中选择"全屏"或"自定义"录制区域。如果需要全屏录制则单击"全屏"按钮，如果录制某个区域或程序窗口，则需要选择"自定义"按钮并设置相关参数。

（3）单击"rec"按钮开始录制。开始录制后，屏幕上会出现"按 F10 停止录制"提示信息和数字倒计时，倒计时结束，开始录制。

（4）录制过程可以进行删除、暂停和停止操作。单击屏幕下方"任务栏"中"录制工具"按钮，弹出"录制工具"窗口，其中包含了设置打开的"统计"工具栏、"计时"工具栏、"效果"工具栏，还包括"删除"、"暂停"和"停止"按钮。单击"停止"按钮或按"F10"键，即可停止视频的录制。

（5）录制结束后，根据在"文件选项"对话框中的设置来决定文件的保存方式，然后进行文件的保存，同时生成的视频会自动加载到媒体箱中和轨道上。

【操作体验】

【任务 3-1】　录制 PPT 演示视频"安全生产十大定律"

【任务描述】

使用 PowerPoint 的"加载项"录制 PPT 演示视频，内容为"安全生产十大定律"的第 1 个法则"不等式法则"。

【任务实施】

启动 PowerPoint 软件，在 PowerPoint 窗口中切换到"加载项"选项卡，并在该选项卡的"自定义工具栏"区域单击"Record"按钮，进入录制 PPT 演示的等待模式。在 PPT 播放界面右下角出现一个控制面板，该控制面板中包含进度条和控制按钮，如图 3-28 所示。该控制面板中还有操作暂停和停止的快捷键提示信息。

单击控制面板中的"Click to begin recording"按钮，开始录制 PPT 演示的内容，此时会自动进入幻灯片的播放模式。

PPT 演示录制结束时按"ESC"键，就会弹出如图 3-29 所示的对话框，询问是暂停录制还是继续录制。

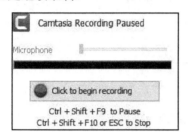

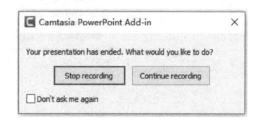

图 3-28　录制 PPT 演示的控制面板　　　　图 3-29　"Camtasia PowerPoint Add-in"对话框

单击"Stop recording"按钮，即可停止录制，此时弹出"Save"对话框，在文件名文本框中输入文件名"安全生产十大定律"，如图 3-30 所示，然后单击"保存"按钮即可。

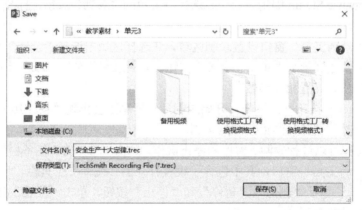

图 3-30　"Save"对话框

图 3-31　"Camtasia for PowerPoint"对话框

自动弹出"Camtasia for PowerPoint"对话框，选中"Edit your recording"单选项，如图 3-31 所示。单击"OK"按钮，可自动启动 Camtasia Studio 软件，并进入编辑窗口。

在 Camtasia Studio 编辑窗口中，选择"文件"→"保存"，打开"另存为"对话框，输入文件名"安全生产十大定律"，然后单击"保存"按钮即可。

单击 Camtasia Studio 工具栏中的"分享"按

钮，在其下拉菜单中选择第 1 种方式“本地文件”，打开“生成向导”界面，然后按提示进行操作即可生成视频。

【应用实战】

【任务 3-2】 录制视频“使用格式工厂转换视频格式”

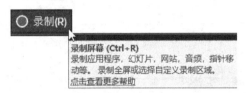

【任务描述】

使用 Camtasia Studio 录制视频，录制内容：使用“格式工厂”软件将 FVL 格式的视频文件“九寨沟风景欣赏”转换为 MP4 格式的视频。

【任务实施】

（1）启动视频转换工具“格式工厂”软件。

（2）在 Camtasia Studio 编辑窗口工具栏中单击“录制”按钮，如图 3-32 所示，打开“录制工具”窗口，单击“自定义”按钮右侧的下拉箭头，在弹出的快捷菜单中选择“固定到应用程序”命令，如图 3-33 所示。此时“格式工厂”软件窗口为当前活动窗口，所以 Camtasia Studio 的录制区域自动设置为“格式工厂”软件的窗口区域，同时单击“自定义”按钮右侧的“锁定”按钮切换至解锁状态。

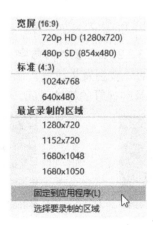

图 3-32　在 Camtasia Studio 编辑窗口工具栏中单击“录制”按钮

图 3-33　选择“固定到应用程序”命令

（3）在“自定义”按钮右侧的宽度和高度文本框中分别输入“1280”和“720”，同时单击“自定义”按钮右侧的“锁定”按钮切换至固定状态。把鼠标移动到“格式工厂”软件的绿色虚线矩形框中的“罗盘”图标上，按住鼠标左键拖曳，改变其在屏幕上的位置，从而确定录制的区域。

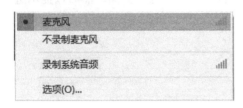

图 3-34　选择"麦克风"命令

（4）在"录制工具"窗口中单击"音频"按钮，启用"音频录制"功能，显示音频输入整体音量调节按钮，然后单击"音频"按钮右侧的下拉箭头，在下拉菜单中选择"麦克风"命令，如图 3-34 所示。

在"录制工具"窗口的"工具"菜单中，单击选择"录制工具栏"命令，如图 3-35 所示。弹出"录制工具栏"对话框，在该对话框中选择"效果"复选项，然后单击"OK"按钮，即开启了指针效果。

在指针效果开启状态下，所录制的视频都会对指针操作进行记录。

图 3-35　在"录制工具"窗口的"工具"菜单中单击选择"录制工具栏"命令

选择区域、录制输入设置完成后的"录制工具"窗口外观如图 3-36 所示。

图 3-36　"录制工具"窗口的外观

（5）在"录制工具"窗口中单击"rec"按钮，首先显示如图 3-37 所示的"按 F10 停止录制"提示信息，然后依次显示"3、2、1"倒计时数字，如图 3-38 所示。倒计时结束，开始录制，此时，"录制工具"窗口的外观会发生改变，录制按钮位置显示"删除"、"暂停"和"停止"3 个按钮，左侧则显示录制视频的持续时间，如图 3-39 所示。

图 3-37　"按 F10 停止录制"提示信息

图 3-38　录制倒计时

（6）完成使用"格式工厂"软件将 FVL 格式的视频文件"九寨沟风景欣赏"转换为 MP4 格式操作过程的录制。

将 FVL 格式的视频文件"九寨沟风

图 3-39　视频录制过程中的"录制工具"窗口外观

景欣赏"转换为 MP4 格式的操作过程如下：

①启动"格式工厂"软件，出现"格式工厂"软件的编辑窗口。

②选择"->MP4"命令。

在"格式工厂"软件的编辑窗口左侧的"视频"功能列表中选择"->MP4"命令。

③选择需转换格式的视频文件并进行相关设置。

打开"->MP4"对话框，在该对话框中单击"添加文件"按钮，弹出"打开"对话框，在该对话框中选择需要转换格式的视频文件"九寨沟风景欣赏"，然后单击"打开"按钮返回"->MP4"对话框。

单击对话框右下角的"改变"按钮，打开"浏览文件夹"对话框，设置输出文件夹为"C:\教学素材\单元 3"。

在"->MP4"对话框中单击"输出配置"按钮，打开"视频配置"对话框，在该对话框中对输出的视频流、屏幕大小、音频流、附加字幕、水印等参数进行设置。

设置完成后单击"确定"按钮即可。

单击"选项"按钮，打开视频选项设置对话框，在该对话框中可以对视频进行播放控制、截取视频片段、选择源音频频道等操作。

设置完成后单击"确定"按钮即可。

最后在"->MP4"对话框中单击右上角的"确定"按钮返回"格式工厂"软件的编辑窗口，此时，所选视频文件将被添加到任务列表中。

④开始视频格式转换。

在"格式工厂"软件的编辑窗口中，单击"开始"按钮开始视频格式的转换，且显示转换进度。格式转换完毕，会出现提示声音，并显示"完成"的提示信息。

（7）操作过程全部录制完成后，按"F10"键或者单击"录制工具"窗口中的"停止"按钮，自动返回 Camtasia Studio 编辑窗口。

（8）选择"文件"→"保存"，打开"另存为"对话框，输入文件名"使用格式工厂转换视频格式"，然后单击"保存"按钮即可。

（9）单击"分享"按钮，在其下拉菜单中选择第 1 种方式"本地文件"，打开"生成向导"界面，然后按提示进行操作即可生成视频。

【任务 3-3】　录制 PPT 演示视频"品赏西湖十景"

【任务描述】

（1）使用 Camtasia Studio 的"录制"窗口进行相关参数的合理设置，然后录制 PPT 演示视频"品赏西湖十景"。

（2）录制 PPT 时，要在幻灯片之间添加媒体标记。

（3）根据添加的媒体标记，在视频编辑过程进行优化修改。

【任务实施】

（1）设置幻灯片放映方式。

在 PowerPoint 中打开幻灯片"品赏西湖十景"，切换到"幻灯片放映"选项卡中，在工具栏中单击"设置幻灯片放映"按钮，打开"设置放映方式"对话框，在该对话框"放映类型"区域选中"观众自行浏览（窗口）"单选项，并在"换片方式"区域选择"手动"单选项，如图 3-40 所示，然后单击"确定"按钮关闭该对话框。

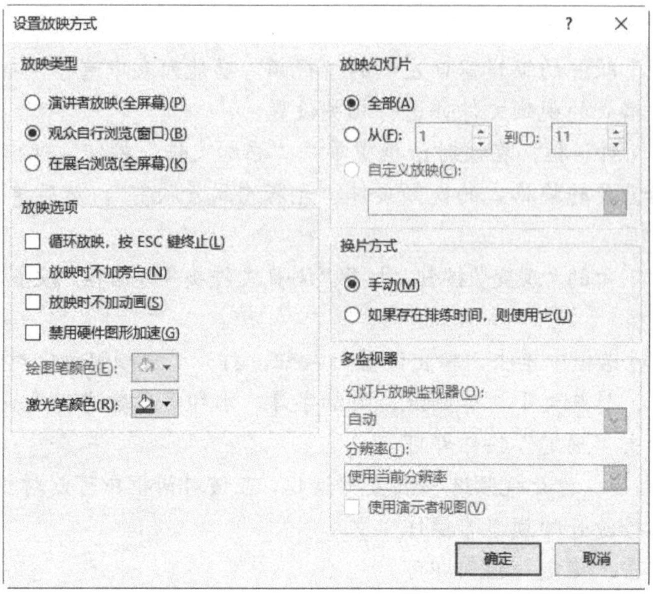

图 3-40 "设置放映方式"对话框

单击"播放"按钮，可从头开始播放 PPT，使用窗口方式播放 PPT 的外观效果如图 3-41 所示。

图 3-41 使用窗口方式播放 PPT 的外观效果

（2）设置录制选项。

成功启动 Camtasia Studio 后，在编辑窗口工具栏中单击"录制"按钮，打开"录制工具"窗口，单击"自定义"按钮右侧的下拉箭头，在弹出的快捷菜单中选择"720p HD(1280×720)"命令，如图 3-42 所示。然后调整 PPT 放映窗口的大小，使 PPT 播放有效区域大小为 1280×720（像素），即绿色虚线框覆盖 PPT 页面的有效区域。

在"录制工具"窗口选择"工具"命令，并在弹出的快捷菜单中选择"选项"命令，如图 3-43 所示。

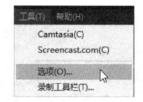

图 3-42　在快捷菜单中选择
"720p HD(1280×720)"

图 3-43　在"工具"的快捷菜单中选择
"选项"命令

在弹出的"工具选项"对话框中切换到"热键"选项卡，并在"热键"列表框中选择"标记"命令，可以看到向录制过程中添加标记的热键为组合键"Ctrl+M"，如图 3-44 所示。

图 3-44　"工具选项"对话框中添加标记的热键设置

单击"OK"按钮即可完成工具选项设置。

（3）开始录制 PPT。

在"录制工具"窗口中单击"rec"按钮，首先显示"按 F10 停止录制"提示信息，然后依次显示"3、2、1"倒计时数字，倒计时结束，开始录制。

在录制过程中在幻灯片之间按组合键"Ctrl+M"，可添加一个媒体标记，共添加了 11 个媒体标记。

当操作过程全部录制完成后，按"F10"键或者单击"录制工具"窗口中的"停止"按钮，自动返回 Camtasia Studio 编辑窗口。在时间轴上可以看到添加的 11 个媒体标记，如图 3-45 所示。

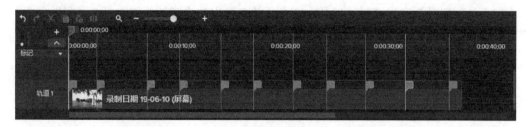

图 3-45　添加了 11 个媒体标记的时间轴

图 3-46　修改第 11 张幻灯片的标记名称

单击"文件"菜单中的"保存"命令，打开"另存为"对话框，输入文件名"品赏西湖十景"，然后单击"保存"按钮即可。

在标记轨道上依次选择各个媒体标记，然后在"标记"属性面板中修改其名称。在"标记"属性面板中修改第 11 张幻灯片的标记名称，如图 3-46 所示。

将录制 PPT 中添加的 11 个媒体标记全部进行重命名，如图 3-47 所示。

图 3-47　重命名的 11 个媒体标记

在"文件"菜单中选择"保存"命令，对项目进行保存。

单击"分享"按钮，在其下拉菜单中选择第 1 种方式"本地文件"，打开"生成向导"界面，在"欢迎来到 Camtasia Studio 生成向导"下拉列表框中选择"自定义生成设置"选项。单击"下一步"按钮进入"您想如何生成视频"界面，在该界面选择默认的"MP4"格式。继续单击"下一步"按钮，进入"Smart Player 选项"界面，在该界面中切换到"选项"选项卡，并勾选其中的"目录"复选项，如图 3-48 所示。

单击"下一步"按钮，进入"视频选项"界面，继续单击"下一步"按钮，进入"标记选项"界面，在"标记选项"界面中勾选"标记条目数量"和"最初可见目录"两个复选项，在"显示选项"下选中"固定右侧"单选项，并在"标记显示"右侧的下拉列表框中选择"带缩略图的文本"命令，如图 3-49 所示。

单击"下一步"按钮，进入"生成导向"的"生成视频"界面，如图 3-50 所示，单击"完成"按钮，进入视频的渲染阶段。

视频渲染完成后生成一个文件夹和多个文件，同时显示"生成完成"界面，单击"完成"按钮即可。

在浏览器中，打开网页文件"品赏西湖十景"浏览视频时，可以看到生成视频的右侧有导航目录，如图 3-51 所示。单击某个目录，就会切换到对应位置播放视频。

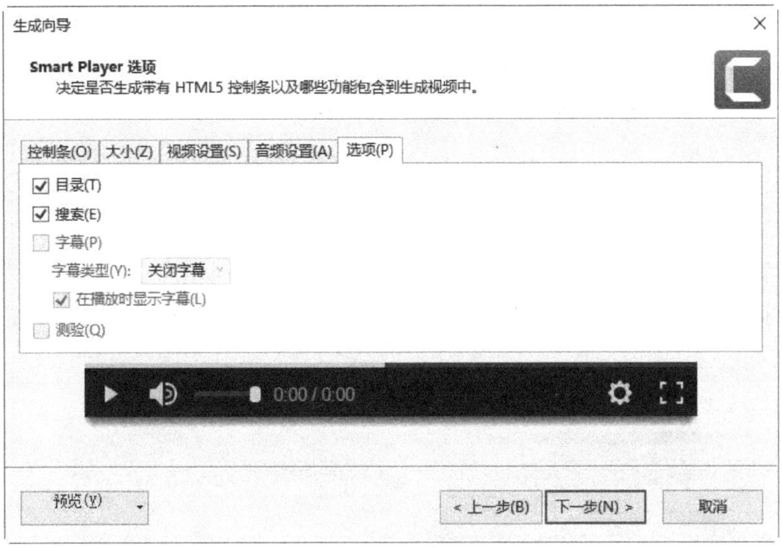

图 3-48 "生成向导"的"Smart Player 选项"的"选项"选项卡

图 3-49 "生成向导"的"标记选项"界面

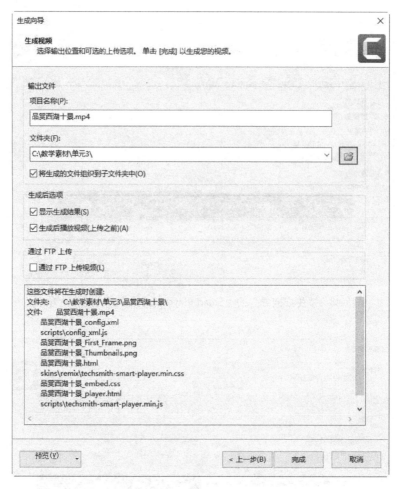

图 3-50　"生成向导"的"生成视频"界面

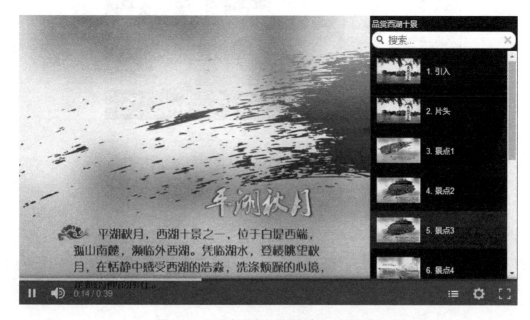

图 3-51　网页中浏览右侧带导航目录的视频

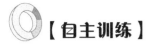【自主训练】

【任务 3-4】　录制视频"使用 WinRAR 压缩文件"

【任务描述】

使用 Camtasia Studio 录制视频"使用 WinRAR 压缩文件",录制过程的操作步骤如下。

(1) 找到准备压缩的文件或文件夹(这里为"七彩卓尔山"文件夹),单击右键,在弹出的快捷菜单中选择"添加到压缩文件"命令,如图 3-52 所示。

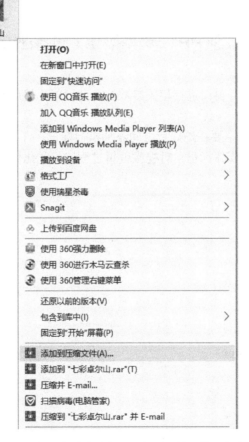

图 3-52　在弹出的快捷菜单中选择"添加到压缩文件"命令

(2) 弹出"压缩文件名和参数"对话框,在该对话框中设置合适的参数后,单击"确定"按钮,如图 3-53 所示。

(3) 弹出"正在创建压缩文件 01 图片.rar"对话框,并显示压缩进度。

(4) 文件或文件夹压缩完成后可打开"资源管理器",在对应的文件夹中可以看到压缩好的文件,如图 3-54 所示。

图 3-53　"压缩文件名和参数"对话框　　　　图 3-54　原文件夹与压缩后的文件

【任务 3-5】　录制 PPT 演示视频"25 条时间管理技巧"

【任务描述】

（1）使用"录制"窗口进行相关参数的合理设置，然后录制 PPT 演示视频"25 条时间管理技巧"。

（2）录制 PPT 时，要在幻灯片之间添加媒体标记。

（3）根据添加的媒体标记，对视频编辑过程进行优化修改。

单元4　编辑与美化音频

Camtasia Studio 对音频的处理主要包括录制语音、设置音频属性和音频效果、静音音频、导出音频等操作。

【知识梳理】

1．录制语音

Camtasia Studio 可以给视频添加语音。编辑视频时，经常需要对视频内容进行讲解，有时前期录制的视频中存在一些讲解错误，需要重新录制，这就是录制语音旁白。

在 Camtasia Studio 编辑窗口的左侧选项卡中选择"语音"命令，显示"语音"选项卡，如图 4-1 所示。该选项卡中包括输入设备选择与音量调节区、脚本文本编辑区。输入设备选择与音量调节区包括输入设备下拉列表框、自动调节开关、音量显示条、音量调节条，以及"录制过程中静音时间轴"复选项，选项卡下部有"开始从麦克风录制"按钮。

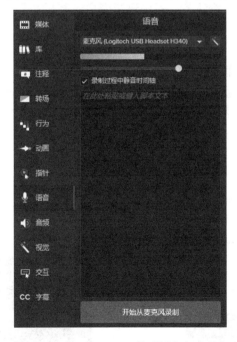

图 4-1　Camtasia Studio 的"语音"选项卡

（1）选择音频输入设备。

开始录制语音旁白前，必须选择音频录制的输入设备。在"语音"选项卡中单击音频输入设备下拉列表框，从下拉列表框中选择音频输入设备，一般选择"麦克风"命令。

（2）调节录制音量。

开始录制语音前，必须调节好输入设备录制音频的音量。设置录制时的音量有两种方法：一是 Camtasia Studio 的自动调节功能，使用"语音"选项卡输入设备选择下拉列表框右侧的

"自动调节"按钮![icon]，该按钮是一个状态开关，当它被按下时（为绿色），表示启动了自动调节录制音量的功能，此时录制音频会根据录制者声音和环境音量来录制声音；当它没有被按下时，则表示未启动录制音量自动调节功能。二是在选项卡中使用鼠标左右拖曳"音量条"上的滑块，自主设置录制音量的大小。无论使用哪种方式调节音量，当录音者讲话时，选项卡中的"音量显示条"均会有绿色的音量线波动，音量线越长则表示音量越大。

（3）录制过程静音时间轴。

如果时间轴的轨道上有多个音频、视频媒体元素，录制语音旁白时，这些媒体中的声音就会被录制，为了避免这种情况发生，可以将这些音频、视频媒体所在的轨道锁定，也可以在"语音"选项卡中勾选"录制过程中静音时间轴"复选项，这样录制语音旁白时，其他媒体元素的声音就不会被录制。

但有时往往需要制作配乐解说、配乐朗诵等音频，则需要解锁添加有背景音乐的轨道，同时取消"录制过程中静音时间轴"复选项的选中状态。

（4）编辑录制脚本。

为方便用户进行语音旁白的录制，"语音"选项卡中有一个文本框供用户编辑录制脚本和录制时参照脚本文本使用。录制语音旁白前，可以把事先编辑好的脚本文本内容粘贴到该文本框中，在该文本框中还能对脚本文本内容做进一步编辑。当脚本文本内容较多时，文本框右侧会自动出现垂直滚动条。开始语音旁白录制后，录制者可依据文本框的内容进行讲解，讲解中拖曳文本框右侧的垂直滚动条以浏览更多文本，这样就会较准确地完成语音旁白的录制。

2．使用"音频属性"面板设置音频属性

选定轨道上的音频，此时在"属性"面板中会自动打开"音频属性"面板，如图 4-2 所示。"音频属性"面板中"增益"属性设置区域有一个水平滑块，用来调节音频音量的大小，在其右侧的文本框中可以输入比例数值，用来改变音量的大小。若需要把声音混合为单声道音频，则可以选中"混合到单声道"复选项。

3．使用"音频"选项卡设置音频效果

（1）切换到"音频"选项卡。

单击"音频"按钮，切换到"音频"选项卡，如图 4-3 所示。"音频"选项卡中包括降噪、音量均衡、淡入、淡出和剪辑速度 5 种效果。

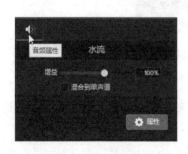

图 4-2　"音频属性"面板

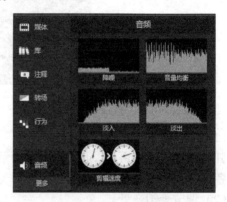

图 4-3　"音频"选项卡

添加音频效果的方法是在"音频"选项卡中选定某种效果并按住鼠标左键，把该效果拖曳到轨道的某个音频媒体元素上，此时音频所在的轨道上会增加蓝色的"效果条"，同时与"属性"面板对应的效果面板也会自动打开。

（2）降噪处理。

首先选定轨道上的音频，然后从"音频"选项卡中选择"降噪"命令，按住鼠标左键将"降噪"效果拖曳到轨道 1 的音频波形上，在轨道 1 的中部下方单击"显示效果"按钮▲，此时显示"降噪"效果条，并且"效果"属性面板中的"降噪"面板会自动打开，"降噪"面板包括"灵敏度"和"量"两个参数设置和一个"分析"按钮等，如图 4-4 所示。

"灵敏度"的取值范围为-20～20，默认值为 0，当该值越小时，去除的噪声越少，当该值越大时，去除的噪声越多。"灵敏度"应设置适当，如果设置过大同样会将音频中有用、有效的声音去除，从而破坏整个音频的音质。

"量"的取值范围为 0～48，默认值为 20，当该值越小时，去除的噪曳量越小；当该值越大时，去除的噪曳量越多。"量"应设置适当，否则会把许多有用、有效的声音去除。

在"降噪"面板中单击"分析"按钮，Camtasia Studio 会自动按照设定的参数对音频进行降噪处理，"降噪"对话框如图 4-5 所示。

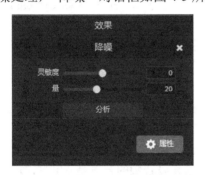

图 4-4　"降噪"面板及默认参数值

图 4-5　"降噪"对话框

（3）音量均衡处理。

在录制声音过程中，为了避免所录制声音的音量出现过大波动，Camtasia Studio 提供了音量均衡功能，可以通过"音量均衡"面板进行音量的均衡调整。音量均衡可使音频音量始终保持在一个比较稳定的范围。

从"音频"选项卡中选择"音量均衡"命令，按住鼠标左键将"音量均衡"效果拖到轨道 1 的音频波形上，在轨道 1 的中部下方单击"显示效果"按钮▲，此时显示"音量均衡"效果条，并且"效果"属性面板中的"音量均衡"面板会自动打开，该面板中包括音量变化、帧率、阈值、增益 4 项参数设置，如图 4-6 所示。

①音量变化。

"音量均衡"面板中"音量变化"右侧有一个下拉列表框，列表框中包括自定义、高、中等、低 4 个选项，其中高、中等、低 3 个选项是预设好的 3 种音量均衡方式，这 3 种方式的帧率、阈值、增益取值如表 4-1 所示，当选择其中之一方式时，轨道上选定的音频或视频的音频音量将此表所示的设置值进行调整。如果这 3 种预设的音量均衡方式

图 4-6　"音量均衡"面板

仍不能满足需要，可选择"自定义"命令自主设置。

表4-1　高、中等、低3种音量均衡方式的参数设置

音量均衡方式	帧　　率	阈　　值	增　　益
高	20	−30	19
中等	10	−20	9
低	5	−15	3

②帧率。

"帧率"就是音量增大或缩小的程度，其取值范围为 1～30，可使用鼠标左右拖曳水平滑块设置帧率值。如用户设置的帧率值为10，而音频的音量过小，则会自动在原音量的基础上加 10，以实现音量的增大。

③阈值。

"阈值"是指音量的变化范围，其取值范围为−60～0，可使用鼠标左右拖曳水平滑块设置阈值。如用户设定的阈值为−20，整段音频音量的平均值为50，那么当某段音频的音量低于 30（50-20）时，就会进行帧率的增加；当音频的音量高于 70（50+20）时，就会进行帧率的减小。因此，编辑音频时其音量变化范围越大，就应将阈值设置得越大；音量变化范围越小，就应将阈值设置得越小。

图4-7　"音量均衡"面板中"音量变化"设置为"中等"

④增益。

"增益"也是指音频当前音量增大或缩小的程度，其取值范围为−30～30，可使用鼠标左右拖曳水平滑块设置增益值。如用户设定的增益值为10，整段音频的音量平均值为50，那么当某段音频的音量是 80 时，就超出了平均值，调整后该段音频的音量是 70（80-10）；若某段音频的音量为30，低于平均值，则调整后该段音频的音量是 40（30+10）。

在"音量均衡"面板中将"音量变化"设置为"中等"，如图 4-7 所示。

（4）设置淡入效果和淡出效果。

音频的淡入效果和淡出效果是指音频开始播放时，声音由小逐渐变大的效果；淡出效果是指音频结束播放时，声音由大逐渐变小的效果。

从"音频"选项卡中选择"淡入"命令，按住鼠标左键将"淡入"效果拖曳到轨道 1 的音频波形上的开始位置，就会出现音量从 0%到 100%的淡入效果，默认持续时长为 3 秒。

从"音频"选项卡中选择"淡出"命令，按住鼠标左键将"淡出"效果拖曳到轨道 1 的音频波形上的结束位置，音频结束位置就会出现音量从 100%到 0%的淡出效果，默认持续时长为 3 秒。

淡入效果和淡出效果默认有两个实心音频控制点和 1 条音频控制线，将鼠标指向这些实心音频控制点，拖曳鼠标便可以调整这些实心音频控制点的位置，从而调整淡入效果和淡出效果。

（5）设置剪辑速度。

轨道上的音频通过"音频"选项卡可为其添加剪辑速度，具体操作方法参照单元 2。

4. 轨道上设置音频效果

可以使用轨道上的音频点辅助鼠标拖曳完成音频效果的设置。

（1）调整音频的音量。

选定轨道上的音频媒体元素，此时轨道上出现音频音量线（绿色）、音频点等，同时音频波形呈现绿色。默认情况下，音量线最左端有一个绿色圆句柄，称为音频点。把鼠标悬停于音量线上，会出现音频名称、开始时间、持续时间、媒体类型等信息，如图 4-8 所示。

图 4-8　音量线与音频信息

把鼠标移至音量线上，此时鼠标指针变为双向箭头，按住鼠标左键上下拖曳，就可以改变此音频的音量，即向上拖曳增大音频音量，向下拖曳则减小音频音量。音量取值范围为 0～500%。

（2）添加与使用音频点。

①添加音频点。

添加音频点有两种方法：一是在音量线上双击需要添加音频点的位置，添加一个音频点；二是把鼠标移动到音量线的某个位置并单击右键，在弹出的快捷菜单中选择"添加音频点"命令，则在该处音量线上会增加一个音频点，添加了多个音频点的音频轨道如图 4-9 所示。

图 4-9　添加了多个音频点的音频轨道

②移动音频点。

音频点在音量线水平方向的位置代表了音频点在音频中的时间位置，选定音频点按住鼠标左键向左右拖曳，就可以改变音频点的时间位置。音频点在轨道垂直方向的位置，代表了音频点所在位置的音量大小，选定音频点按住鼠标左键向上、下方向拖曳，就可以改变音频点的音量大小。

③移除音频点。

移除一个音频点有两种方法：一是选定某个音频点，按"Delete"键就可删除当前音频点；二是在某个音频点上单击右键，并在弹出的快捷菜单中选择"删除"命令，就可以把当前音频点删除。

移除全部音频点也有两种方法，一是在某个音频点上单击右键，并在弹出的快捷菜单中选择"删除所有音频点"命令，即可删除音量线上所有的音频点；二是在音频轨道上单击右键，在弹出的快捷菜单中选择"删除"子菜单的"所有音频点"命令，也可以删除音量线上所有的音频点。

（3）设置音频的淡入效果和淡出效果。

淡入效果是指音频开始播放时，其音量由小逐渐变大的效果，淡出效果是指音频结束播放时，其音量由大逐渐变小的效果。制作淡入效果需要在音频开始处添加一个音频点，在后几秒处再添加一个音频点，使用鼠标拖曳第一个音频点在轨道垂直方向的上下位置，减少开始的音量，音频点越向下音量越小，使两个音频间的音量差有渐变，产生淡入效果。设置音频的淡出效果的方法与设置淡入效果的方法类似。

添加了淡入效果和淡出效果的音频轨道如图 4-10 所示。两个音频点之间的水平距离决定了音频淡入（或淡出）的时间，两个音频点之间的垂直距离决定着音频淡入（或淡出）音量的变化范围。将鼠标悬停在两个音频之间，当箭头形状变成双向箭头时，按住鼠标左键上下拖曳两个音频点之间的音量连线，从而改变两个音频点之间音频片段的音量。

图 4-10　添加了淡入效果和淡出效果的音频轨道

5．静音音频

录制完成的视频，有时会出现某个时间段没有语音讲解，但有很大的背景噪声。这种情况就需要进行静音音频处理。

首先将其他轨道锁定，然后选择需要轨道，使用鼠标拖曳播放头滑块左侧的选择起点滑块（绿色滑块），设置音频片段的开始位置；使用鼠标拖曳播放头滑块右侧的选择终点滑块（红色滑块），设置音频片段的结束位置。在所选音频片段上单击右键，并在弹出的快捷菜单中选择"静音音频"命令即可。

6．分离音视频

使用鼠标右键单击轨道 1 上的视频媒体，并在弹出的快捷菜单中选择"分离音频和视频"命令，如图 4-11 所示。

图 4-11　在快捷菜单中选择"分离音频和视频"命令

音频和视频分离完成后，轨道 1 上是纯视频（无声音），轨道 2 上是纯音频（无图像）。

7. 导出音频

选择轨道 1 上包含有音频的视频媒体，并在"分享"菜单中选择"仅导出音频"命令，弹出"将音频另存为"对话框，输入音频文件名，如图 4-12 所示，然后单击"保存"按钮，这里导出的音频类型为 WAV 文件。

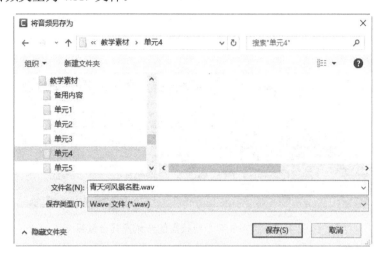

图 4-12　"将音频另存为"对话框

【操作体验】

【任务 4-1】　编辑轨道上的音频

【任务描述】

（1）新建项目，并以"编辑轨道上的音频"名称保存该 Camtasia Studio 项目。

（2）将音频"水流"导入媒体箱中。

（3）使用鼠标拖曳的方法将媒体箱中的音频"水流"添加到时间轴的轨道上。

（4）在音频音量线上添加 3 个音频点，位置分别是开始后 5 秒处、结束前 5 秒处和结束处。

（5）设置音频的"增益"属性值为 150%。

（6）设置音频"水流"的淡入效果和淡出效果。

（7）调整音频"水流"的音量为原音量的 173%。

【任务实施】

（1）新建 Camtasia Studio 项目。

在"文件"菜单中选择"新建项目"命令，新建一个 Camtasia Studio 项目。

（2）保存 Camtasia Studio 项目。

选择"文件"菜单的"保存"命令，打开"另存为"对话框，在该对话框中输入文件名"编辑轨道上的音频"，然后单击"保存"按钮即可。

（3）导入音频。

把音频"水流"导入媒体箱中。

（4）将音频"水流"添加到轨道上。

使用鼠标拖曳的方法将音频"水流"从媒体箱中拖曳到轨道上。

（5）添加音频点。

把鼠标移动到轨道上"水流"音频音量线的开始后5秒处，并单击右键，在弹出的快捷菜单中选择"添加音频点"命令，则在该处音量线上会增加一个音频点。以同样的方法分别在该音频音量线的结束前5秒处和结束处各添加一个音频点。新添加3个音频点的音频及其音量线如图4-13所示。

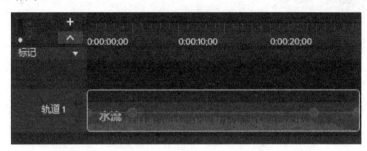

图 4-13   新添加3个音频点的音频及其音量线

（6）设置音频的"增益"属性。

图 4-14   在"音频属性"面板
中设置增益属性值

选定轨道上的音频"水流"，此时的"属性"面板会自动打开"音频属性"面板，在"增益"属性文本框中输入"150%"，勾选"混合到单声道"复选项，将声音混合为单声道音频，如图4-14所示。

（7）设置淡入效果和淡出效果。

在音量线的垂直方向，使用鼠标拖曳第一个音频点的上下位置，减小开始的音量，设置好淡入效果。

使用鼠标拖曳结束处音频点的上下位置，减小开始的音量，设置好淡出效果。

（8）调整音量。

把鼠标移至音量线上，按住鼠标左键上下拖曳，改变此音频的音量，同时观察音量数值的变化，当音量数值显示为173%时，则应停止拖曳鼠标，如图4-15所示。

图 4-15   调整音频的音量

在"文件"菜单中选择"保存"命令，对项目进行保存。

（9）预览音频效果。

将播放头滑块移至轨道的开始位置，然后单击"预览"窗口中的"播放"按钮，预览音频效果。

【应用实战】

【任务 4-2】　将视频"新疆乌伦古湖的鸟儿快乐飞翔"的音视频进行分离操作

【任务描述】

（1）将视频"新疆乌伦古湖的鸟儿快乐飞翔"导入媒体箱中。

（2）将视频"新疆乌伦古湖的鸟儿快乐飞翔"添加到轨道上。

（3）将视频"新疆乌伦古湖的鸟儿快乐飞翔"的音视频进行分离操作。

（4）仅生成音频。

【任务实施】

（1）在 Camtasia Studio 编辑窗口中导入媒体。

选择"文件"菜单的"新建项目"命令，新建一个项目，然后在 Camtasia Studio 编辑窗口中导入视频文件"新疆乌伦古湖的鸟儿快乐飞翔"。

（2）将视频文件"新疆乌伦古湖的鸟儿快乐飞翔"添加到轨道上。

选中"新疆乌伦古湖的鸟儿快乐飞翔"视频文件，然后按住鼠标左键拖曳到"轨道 1"的位置。

（3）分离音视频。

使用鼠标右键单击轨道 1 上的视频素材"新疆乌伦古湖的鸟儿快乐飞翔"，在弹出的快捷菜单中选择"分离音频和视频"命令，音频和视频分离完成后，轨道 1 上是纯视频文件（无声音）；轨道 2 上是纯音频文件（无图像）。

（4）导出音频。

单击工具栏中的"分享"按钮，打开其下拉菜单，选择"自定义生成"→"新建自定义生成"，如图 4-16 所示。

图 4-16　在快捷菜单中选择"新建自定义生成"命令

打开"生成向导"的"您想如何生成视频？"界面，在该界面中选中"M4A-仅音频"单选项，如图 4-17 所示。

图 4-17　"生成向导"的"您想如何生成视频？"界面

单击"下一步"按钮，显示"M4A 编码选项"界面，保持默认选项不变，如图 4-18 所示。

图 4-18　"生成向导"的"M4A 编码选项"界面

单击"下一步"按钮，显示"生成音频"界面，在该界面"项目名称"文本框中输入"新疆乌伦古湖的鸟儿快乐飞翔"，然后单击"完成"按钮，就会开始渲染音频，渲染完成后，显示"生成结果"界面，如图 4-19 所示。

图 4-19　"生成结果"界面

【任务 4-3】　为视频"鸟儿快乐飞翔"配置合适的背景音乐

【任务描述】

（1）将无背景音乐的视频"鸟儿快乐飞翔"导入媒体箱中。

（2）将音频文件"鸟叫声 1"、"鸟叫声 2"、"鸟叫声 3"和"背景音乐 4"导入媒体箱中。

（3）为视频"鸟儿快乐飞翔"配置合适的背景音乐，并设置音乐的淡入效果和淡出效果。

（4）以"鸟儿快乐飞翔"为名称保存视频项目。

（5）生成与分享视频。

【任务实施】

1．导入视频与音频

（1）在 Camtasia Studio 编辑窗口中导入媒体。

选择"文件"菜单的"新建项目"命令，新建一个项目，然后导入视频文件"鸟儿快乐飞翔"。

接着再导入音频文件"鸟叫声 1"、"鸟叫声 2"、"鸟叫声 3"和"背景音乐 4"。

（2）将视频文件"鸟儿快乐飞翔"添加到轨道 1 上。

选中"鸟儿快乐飞翔"视频文件，然后按住鼠标左键拖曳到"轨道 1"的位置。

（3）将 3 个音频文件添加到轨道 2 上。

将 3 个音频文件"鸟叫声 1"、"鸟叫声 2"和"鸟叫声 3"按顺序添加到轨道 2 上。在轨道 2 上调整 3 个音频文件的位置，将"鸟叫声 1"拖曳到开始位置，其时长为 13 秒 22 帧；将"鸟叫声 2"拖曳到"鸟叫声 1"的后面，即开始位置为"0:00:13;22"，结束位置为"0:00:19;28"；将"鸟叫声 3"拖曳到与视频文件"鸟儿快乐飞翔"结束位置对齐，即其开始位置为"0:00:54;05"，结束位置为"0:00:59;27"。

（4）将"背景音乐 4"添加到轨道 3 上。

将音频文件"背景音乐 4"按顺序添加到轨道 3 上。在轨道 3 上将"背景音乐 4"调整到合适位置，其前面接"鸟叫声 2"，后面接"鸟叫声 3"，即开始位置为"0:00:19;28"，结束位置为"0:00:54;05"。

将轨道 1 上的视频元素、轨道 2 和轨道 3 上的音频元素调整到合适位置后的外观效果，如图 4-20 所示。

图 4-20　轨道 1 上的视频元素、轨道 2 和轨道 3 上的音频元素

2. 设置音频的淡入效果和淡出效果

打开"音频"选项卡，在轨道 2 上选择"鸟叫声 1"文件，并在"音频"效果区域选择"淡入"效果，然后在弹出的快捷菜单选择"添加到所选媒体"命令，如图 4-21 所示。

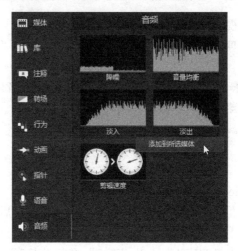

图 4-21   在"音频"效果区域选择"淡入"效果

在轨道 2 上选择"鸟叫声 3"文件，并在"音频"效果区域选择"淡出"效果，然后在弹出的快捷菜单中选择"添加到所选媒体"命令。

设置的音频效果如图 4-22 所示。

图 4-22   设置的音频效果

3. 预览视频

单击"播放"按钮，在"预览窗口"中预览轨道 1 上的视频文件"鸟儿快乐飞翔"和对应位置的音频，以及淡入效果或淡出效果。

4. 保存视频项目

选择"文件"菜单中的"保存"命令，打开"另存为"对话框，输入文件名"鸟儿快乐飞翔"，然后单击"保存"按钮即可。

5. 生成并分享视频

单击"分享"按钮，在其下拉菜单中选择第 1 种方式"本地文件"选项，打开"生成向导"界面，然后按提示进行操作即可生成视频。

【任务 4-4】 为视频"使用格式工厂转换视频格式"优化声音效果

【任务描述】

"使用格式工厂转换视频格式"视频中录制了操作讲解语音，试对该视频优化声音效果。

（1）对声音进行消除噪声处理。

（2）进行音量均衡处理。

（3）设置淡入效果和淡出效果。

【任务实施】

（1）在 Camtasia Studio 编辑窗口中导入媒体。

导入视频文件"使用格式工厂转换视频格式"。

（2）将视频文件"使用格式工厂转换视频格式"添加到轨道上。

在媒体箱中选中视频文件"使用格式工厂转换视频格式"，然后按住鼠标左键拖曳到"轨道 1"的位置。

（3）切换到"语音"选项卡。

单击"音频"按钮，切换到"音频"选项卡。

（4）消除噪声处理。

从"音频"选项卡中选择"降噪"命令，按住鼠标左键将"降噪"效果拖曳到轨道 1 的音频波形上，在轨道 1 的中部下方单击"显示效果"按钮，此时显示"降噪"效果条，并且"效果"属性面板中的"降噪"面板会自动打开，在"降噪"面板中设置"灵敏度"为"5"，"量"为"20"，如图 4-23 所示。

在"降噪"面板中单击"分析"按钮，Camtasia Studio 会自动按照设定的参数对音频进行降噪处理。

图 4-23   "效果"属性面板中的"降噪"面板

（5）音量均衡处理。

从"音频"选项卡中选择"音量均衡"命令，按住鼠标左键将"音量均衡"效果拖曳到轨道 1 的音频波形上，在轨道 1 的中部下方单击"显示效果"按钮，此时显示"音量均衡"效果条，并且"效果"属性面板中的"音量均衡"面板会自动打开，在"音量均衡"面板中选择合适的音量变化，音量变化下拉列表框中包括自定义、高、中等、低 4 个选项，这里的"音量变化"选择"中等"。然后设置合适的帧率、阈值、增益等参数，这里的"帧率"设置为"10.00"，"阈值"设置为"-20.00"，"增益"设置为"9.00"，如图 4-24 所示。

（6）设置淡入效果或淡出效果。

从"音频"选项卡中选择"淡入"命令，按住鼠标左键将"淡入"效果拖曳到轨道 1 的音频波形上的开始位置，可以发现音频开始位置出现了音量从 0% 到 100% 的淡入效果，默认持续时长为 3 秒。

接着从"音频"选项卡中选择"淡出"命令，按住鼠标左键将"淡出"效果拖曳轨道 1 的音频波形上的结束位置。可以发现音频结束位置出现了音量从 100% 到 0% 的淡出效果，默认持续时长为 3 秒。

图 4-24   "音量均衡"效果与参数设置

选定轨道上的音频，此时"属性"面板中"音频属性"面板会自动打开，设置"增益"为"100%"。

淡入效果和淡出效果默认有两个实心音频控制点和 1 条音频控制线，将鼠标指向这些实心音频控制点，拖曳鼠标便可以调整控制点的位置，从而调整淡入效果和淡出效果。

在淡入效果和淡出效果音频控制线上单击右键，并在弹出的快捷菜单中选择"添加音频点"命令，如图 4-25 所示，在音频控制线上便会增加一个音频控制点，可对音频进行更加具体多样的调节。

图 4-25   在快捷菜单中选择"添加音频点"命令

在轨道 1 的中部下方单击"隐藏效果"按钮 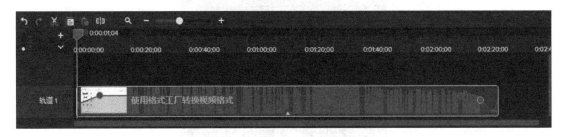，隐藏"降噪"和"音量均衡"效果条，轨道 1 上只显示淡入效果、淡出效果及增加的音频控制点，如图 4-26 所示。

图 4-26 轨道 1 上显示淡入效果、淡出效果及增加的音频控制点

说明： 如果需要删除一个或所有的音频点，只需右键单击音频点，在弹出的快捷菜单中选择"删除"命令即可删除所选的一个音频点，选择"删除所有音频点"命令则可以删除全部音频点，如图 4-27 所示。

删除(D)

删除所有音频点(A)

图 4-27 删除音频点的快捷菜单

（7）预览媒体。

将播放头滑块拖曳到轨道上的开始位置，单击"播放"按钮，可在预览窗口中浏览视频。

（8）保存视频项目。

单击"文件"菜单中的"保存"命令，打开"另存为"对话框，输入文件名"使用格式工厂转换视频格式的音频处理"，然后单击"保存"按钮即可。

（9）生成并分享视频。

单击"分享"按钮，在其下拉菜单中选择第 1 种方式"本地文件"，打开"生成向导"，然后按提示进行操作即可生成视频。

【任务 4-5】 为视频"醉美丹巴"录制语音旁白

【任务描述】

（1）将视频"醉美丹巴"导入媒体箱中。

（2）将媒体箱中的视频"醉美丹巴"添加到时间轴的轨道 1 上。

（3）为视频"醉美丹巴"录制语音。

（4）以"醉美丹巴"为名称保存视频项目。

（5）生成与分享视频。

【任务实施】

（1）在 Camtasia Studio 编辑窗口中导入媒体。

将视频文件"醉美丹巴"导入媒体箱中。

（2）将视频文件"醉美丹巴"添加到轨道上。

选中视频文件"醉美丹巴"，然后按住鼠标左键将其拖曳到轨道 1 的位置。

（3）切换到"语音"选项卡。

单击"语音"按钮，切换到"语音"选项卡，如图 4-28 所示。

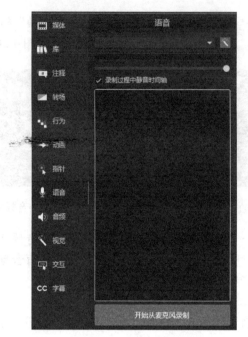

图 4-28　"语音"选项卡

（4）选择音频输入设备。

将已有传声器与计算机连接好，在"音频输入设备"下拉列表中选择"麦克风"命令，单击"自动调整"按钮![按钮]，启动自动调节录制音量的功能，此时录制音频会根据录制者声音和环境音量来录制声音。勾选"录制过程中静音时间轴"复选项，这样录制语音旁白时，其他轨道上的声音就不会被录制，其设置结果如图 4-29 所示。

（5）录入语音脚本内容。

在脚本文本中编辑如下内容：

这里是中国美丽的乡村

这里是深藏在横断山脉中的世外桃源

这里是法国 SPOT 卫星寻找的地球之花

这里是川西旅游环线最神奇的地方

四川省甘孜藏族自治州丹巴县

（6）开始录制语音。

单击"开始从麦克风录制"按钮，开始语音旁白的录制，录制过程如图 4-30 所示。

图 4-29　录入脚本文本内容

图 4-30　录制语音旁白的过程

（7）保存录制的语音。

语音旁白录制完成后，单击"停止"按钮，自动弹出"将旁白另存为"对话框，在该对话框中输入语音旁白的文件名，然后单击"保存"按钮即可。

录制的语音旁白保存完成后，音频可同时添加到轨道上和媒体箱中，在轨道上添加的语音旁白如图 4-31 所示。

图 4-31　在轨道上添加的语音旁白

（8）预览媒体。

将播放头滑块拖曳到轨道上的开始位置，单击"播放"按钮，在预览窗口中浏览视频及录制的语音旁白。

（9）保存视频项目。

选择"文件"菜单中的"保存"命令，打开"另存为"对话框，输入文件名"醉美丹巴"，然后单击"保存"按钮即可。

（10）生成并分享视频。

单击"分享"按钮，在其下拉菜单中选择第 1 种方式"本地文件"，打开"生成向导"，然后按提示进行操作即可生成视频。

【自主训练】

【任务 4-6】　为视频"青天河美景简介"录制语音旁白

【任务描述】

（1）将视频"青天河美景简介"导入媒体箱中。

（2）将媒体箱中的视频"青天河美景简介"添加到时间轴的轨道 1 上。

（3）为视频"青天河美景简介"录制语音，其语音内容如下：

这里，高峡平湖一线青天

这里，万亩红叶层林尽染

这里，峡谷湿地静谧心灵

这里，飞泉流瀑戏水探秘

这里，文化深厚，留下北魏、三国等帝王征战的神奇

这里，就是太行神秀青天河，千年红叶靳家岭

（4）以"青天河美景简介"为名称保存视频项目。

（5）生成与分享视频。

单元5 添加转场与动画效果

Camtasia Studio 不仅有为媒体片段之间添加过渡效果（转场效果）的功能，还有为媒体元素添加动画效果的功能。

【知识梳理】

1."转场"选项卡与"转场"面板

转场效果实质上是设置了前一个媒体片段的退出效果和后一个媒体片段的进入效果。

（1）"转场"选项卡与"转场"类型。

在 Camtasia Studio 编辑窗口单击"转场"按钮，切换到"转场"选项卡，该选项卡中包括"类型"和"转场"两部分，如图 5-1 所示。"类型"右侧的下拉列表中包含褪色、运动、对象、格式化、擦拭 5 种类型；"转场"中列出了当前选定类型的转场效果，默认情况下，"类型"为"所有"类型，在"转场"中列出所有的 30 种转场效果，如表 5-1 所示。

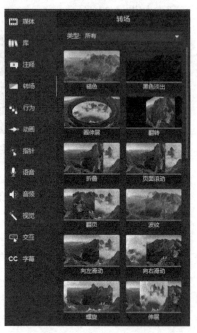

图 5-1　"转场"选项卡

表 5-1　转场类型与转场效果名称

转 场 类 型	转场效果数量	转场效果名称
褪色	2	黑色淡出、褪色
运动	10	圈伸展、翻转、折叠、页面滚动、翻页、波纹、向左滑动、向右滑动、螺旋、伸展
对象	1	立方体旋转
格式化	5	溶解、发光、像素化、径向模糊、随机溶解
擦拭	12	开门状、百叶窗、棋盘格、圈显示、梯度擦拭、插页、光圈、径向擦拭、随机条、条状、滚轮、之字形

（2）查看转场效果。

把鼠标悬停于"转场"选项卡中某一种转场效果上，就会出现黄色边框线并且自动预览其效果。

（3）"转场"面板。

当把某一种转场效果添加到轨道上的两个媒体片段之间时，"属性"面板中就会自动打开"转场"面板，"转场"面板用于轨道上选定转场的类型改变。单击"转场"面板中"类型"右侧的下拉列表框，弹出转场类型列表，列表中每个转场类型选项的子菜单为该类型中的转场效果，选择某一种即可替换轨道上选定的转场效果。"转场"面板中"擦拭"类型的转场效果列表如图 5-2 所示。

图 5-2　"转场"面板

2．转场编辑

（1）添加转场。

无论是视频、动画，还是图片，只要在两个媒体片段之间添加转场，都可以运用上述 30 种转场效果来实现。两个媒体片段之间的转场可以设置为相同的转场效果、相同长度的转场时间，也可以将前一个媒体片段结束处和后一个媒体片段开始处分别设置不同的转场效果和不同时长的转场时间。

添加转场的方法是：在"转场"选项卡中选择所需的转场效果，并使用鼠标拖曳的方法把该转场效果拖曳到轨道上的两个媒体片段之间。此时，前一个媒体片段结束位置和后一个媒体片段开始位置同时添加了同一时间长度的转场效果。将鼠标悬停于该转场效果上会显示名称、开始时间、持续时间和媒体类型的相关信息，如图 5-3 所示。

图 5-3　媒体片段间的转场效果及相关信息

如果为前一个媒体片段结束处和后一个媒体片段开始处添加了不同的转场效果，则使用鼠标拖曳的方法将某个转场效果拖曳到前一个媒体片段结束处，并用同样的方法把另一转场效果拖曳到后一个媒体片段开始处，如图 5-4 所示。

图 5-4　在前一个媒体片段结束处和后一个媒体片段开始处添加不同的转场效果

（2）调整转场时长。

媒体片段之间添加转场后，用户可以根据需要自行调整转场时长。当媒体片段之间为相同转场时，可以将鼠标移到转场效果的边线进行左右拖曳，即可调整转场播放的时长，如图5-5所示。

当媒体片段之间为不同转场时，可以将鼠标分别移到某个转场效果的边线进行左右拖曳，即可调整该转场播放的时长，如图5-6所示。使用鼠标拖曳时，鼠标指针下方会有时长提示。

图5-5　相同转场效果播放时长的调整　　　　图5-6　分别调整不同转场效果的播放时长

（3）更换转场。

如果不满意添加到轨道媒体上的转场效果，可以随时进行更换。更换转场效果的方法有两种：一是在轨道上选择某个转场效果，此时选定的转场区域变为黄色，再从"转场"选项卡中选择另一种转场效果，使用鼠标拖曳的方法将该转场效果拖曳到轨道媒体元素需要替换的转场效果上，此时媒体上被替换的转场区域变为红色，松开鼠标的左键，即可完成转场效果的更换。二是在轨道媒体上选择某个转场效果，此时"属性"面板中"转场"面板被打开，再从"转场"面板中选择另一种转场效果，则该转场效果会自动替换轨道上所选的转场效果。

（4）删除转场。

删除转场的方法是：在轨道上选择某个转场效果，此时选定的转场区域变为黄色，然后单击右键，在弹出快捷菜单中选择"删除"命令或按"Delete"键，即可删除所选转场效果。

3．实现快速播放与慢速播放（快慢镜头）

轨道上的媒体元素一般是以正常速度进行播放的，也可以根据需要对媒体元素的播放速度设置特殊效果，实现快速播放与慢速播放，即快镜头和慢镜头。实现快速播放与慢速播放的方法是调整媒体的剪辑速度，若剪辑速度的值小于原始速度值时，则表示慢速播放，若剪辑速度大于原始速度值时，则表示快速播放。能够实现快速播放与慢速播放的媒体片段有图片、视频片段、音频片段和动画等。

（1）图片的快速播放与慢速播放。

轨道上的图片可设置其播放的持续时间和剪辑速度。如果图片的播放时间为5秒，剪辑速度为1倍，就是正常的镜头播放；如果图片的播放时间为5秒，剪辑速度大于1倍，如1.5倍、2倍速度，就是快速播放；如果图片的播放时间为5秒，剪辑速度小于1倍，如0.5倍速度，就是慢速播放。

（2）视频的快速播放与慢速播放。

轨道上的视频元素，如果需要对视频片段进行快速播放与慢速播放，需要进行以下3方面的编辑处理。

①分离音频和画面。

轨道上的视频一般是按正常速度播放的，如果需要快速播放与慢速播放，就需要对原有的视频播放速度进行更改，这时如果视频本身带有音频，就会影响到音频的播放效果。因此，改变某段视频的播放速度前，必须把音频与画面进行分离处理。

②添加剪辑速度。

音频与画面分离后，选定画面所在轨道并把播放头滑块定位于需要添加剪辑速度的位置，在弹出的快捷菜单中选择"添加剪辑速度"命令，在"属性"面板中打开"剪辑速度"面板，设置剪辑速度大于 1 倍时表示快速播放，设置剪辑速度小于 1 倍时表示慢速播放。

③音频与画面的同步。

设置完画面的剪辑速度，使画面出现了快速播放或慢速播放的情况，就会导致音频与画面不同步。所以，还需要对音频进行编辑，达到音频与画面的同步效果。

4．实现画面放大与缩小（缩放动画）

编辑视频时，有时为了使观看者能清晰地看到视频的某个局部或者看到画布的全部，就需要对视频进行放大或缩小，也称为镜头的缩放。

（1）缩放与平移选项卡。

画面的放大与缩小是通过"缩放和平移"选项卡来实现的，选择"动画"选项卡，该选项卡包括"缩放和平移"和"动画"两个子选项卡，其中"缩放和平移"子选项卡中包括缩放矩形框、"实际大小"和"缩放到适合"，如图 5-7 所示。

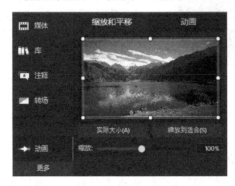

图 5-7 "动画"选项卡中的"缩放和平移"子选项卡

①缩放矩形框。

缩放矩形框位于"缩放与平移"选项卡的上半部分，其中显示了轨道当前帧的视频尺寸大小和位置。如果对矩形框进行缩放调整，则会在视频所在轨道上添加一个动画。

视频画面周围有 8 个圆句柄，将鼠标移动到某个圆句柄上，按住鼠标左键拖曳，可以调整视频画面在右侧预览窗口与画布上的尺寸大小。当拖曳圆句柄使矩形框变小时，会使预览窗口与画布中的视频局部放大；当拖曳圆句柄使矩形框变大时，就会使预览窗口与画布中的视频局部缩小。将鼠标移动到矩形框中呈十字箭头形状时，按住鼠标左键拖曳，就可以移动视频在画布上的位置。

②实际大小。

"实际大小"是指媒体元素尺寸的实际大小，单击此按钮，会创建一个使播放头滑块位置所有媒体元素还原到 100%的缩放动画。也就是说，如果媒体元素的尺寸大于或小于原始尺寸时，可单击该按钮为播放头滑块位置的所有媒体元素添加缩放动画。

③缩放到适合。

"缩放到适合"是指媒体元素尺寸的大小适应画布的大小。单击此按钮，会创建一个使播放头滑块位置的所有媒体元素适合画布大小的一个缩放动画。也就是说，如果媒体元素的尺寸与画布大小不相符，则可单击此按钮为播放头滑块位置的所有媒体元素添加一个从现有尺寸到画布大小的缩放动画。

④自定义缩放。

"缩放与平移"子选项卡中有调整画面尺寸的水平滑块，使用鼠标拖曳滑块可改变播放头滑块所在位置媒体元素的尺寸大小，从而添加一个从原有尺寸至调整后尺寸变化的缩放动画。这与拖曳"缩放和平移"子选项卡中矩形框上的圆句柄改变动画缩放的比例是一样的效果。

（2）设置缩放动画。

轨道上的视频、图片、动画等均可以设置缩放动画。选取要设置缩放动画的轨道（将其他轨道锁定），把播放头滑块定位于设置缩放动画的起始位置。在"缩放与平移"子选项卡中使用鼠标移动缩放矩形框的位置，此时轨道播放头滑块所在的位置会自动添加一个动画，动画的开始处有一个白色小圆圈（开始控制句柄）和绿色动画图标，结束处有一个白色大圆圈（结束控制句柄），表示完成动画创建，默认动画的时长为1秒，可以调整该动画的播放时长、播放位置，如图5-8所示。

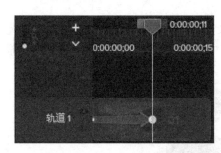

图5-8　缩放动画的设置

5．实现画面平移（泛动画）

泛动画是指一个画面的平移运动效果，如从左移至右、从上移至下、对角线移动等，使一个媒体元素在画布上连续改变其位置，并且首尾相接，这样就可形成泛动画效果。

（1）运用"缩放和平移"子选项卡给轨道上所选媒体的播放头滑块位置处添加一个动画。

在轨道上动画开始的位置单击，此时播放头滑块定位于动画开始处，在画布上调整媒体元素画面的大小、位置（如使媒体元素画面较小并且位于画布左上角处）。在轨道上动画结束位置单击，此时播放头滑块定位于动画结束处，在画布上调整媒体元素画面的大小、位置（如使媒体元素画面放置于画布右下角处）。视频播放过程中，当播放到动画位置时，视频画面会从左上角移动到右下角。如果媒体元素在动画开始处与结束处画面的尺寸相同，则是一个大小不变的画面在移动；如果尺寸不同，则是一个既有缩放又有画面移动的动画。

（2）选定动画并进行复制。

把播放头滑块定位于第1个动画结束位置并且单击右键，在弹出的快捷菜单中选择"复制"命令，完成该动画的复制。

（3）粘贴动画及调整动画结束时在画布上的位置。

把播放头滑块定位于第1个动画结束稍后位置并且单击右键，在弹出的快捷菜单中选择"粘贴"命令，完成该动画的粘贴，轨道上生成第2个动画。接着把播放头滑块定位于第2个动画结束位置，在画布上使用鼠标拖曳的方法改变画面在画布上的位置（如拖曳到画布右上角）。重复上述的复制、粘贴等操作，能够添加多个泛动画。

6．设置动画效果

（1）动画选项卡。

"动画"选项卡包括"缩放和平移"和"动画"两个子选项卡，其中"动画"子选项卡中为预设的动画，包括自定义、还原、完全透明、完全不透明、向左倾斜、向右倾斜、按比例放大、按比例缩小、缩放到适合、智能聚集 10 个动画效果，如图 5-9 所示。

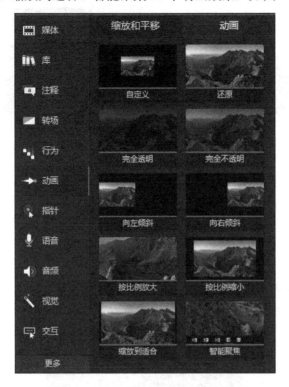

图 5-9　"动画"子选项卡及预设的动画

在"动画"子选项卡中将鼠标移动到某个动画区域，此时该动画周围的边框线会变为黄色，同时该动画能自动呈现效果。

（2）添加动画。

选择需要添加到轨道上的媒体元素（将其他轨道锁定），将播放头滑块定位于要创建动画的位置，从"动画"子选项卡中选择某种动画效果并使用鼠标拖曳方法把该动画拖曳到轨道的媒体元素上，此时轨道的媒体元素上会出现一个动画的图标，表示完成了动画的添加。

（3）动画图标。

轨道上的媒体元素添加动画后，会显示出动画图标，图标由动画开始控制句柄、动画时长线、动画结束控制句柄 3 部分组成。

动画图标组成部分的颜色变化如下：

①未选定的动画，如果播放头滑块位于轨道上动画结束控制句柄左侧时，动画开始控制句柄、动画结束控制句柄都为白色，动画时长线为绿色；将播放头滑块移至轨道上动画结束控制句柄位置及其右侧时，动画结束控制句柄会变成红色。

②选定的动画，如果播放头滑块位于轨道上动画结束控制句柄左侧时，动画开始控制句柄、动画结束控制句柄都为白色，动画时长线为黄色；将播放头滑块移至轨道上动画结束控制句柄位置及其右侧时，动画结束控制句柄会变成红色。动画图标的颜色变化如图 5-10 所示。

（4）使用面板设置动画效果。

选择轨道上的某个动画图标并双击，此时"属性"面板中自动打开"动画"面板，包括

"编辑单个/编辑所有动画"模式切换按钮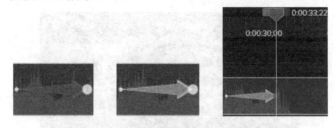和"撤销"按钮，以及缩放、不透明度、旋转和位置参数，如图 5-11 所示。

图 5-10　动画图标的颜色变化

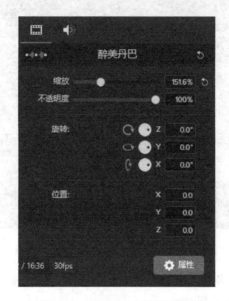

图 5-11　"动画"面板的设置

①编辑模式切换。

"编辑单个/编辑所有动画"模式切换按钮位于"动画"面板左上角。当该按钮控制句柄为白色状态时，表示"动画"面板中设置的参数只对当前轨道上所选的动画起作用；单击该按钮，弹出"编辑所有动画模式"对话框，如图 5-12 所示，单击"是"按钮，启用"编辑所有动画模式"，此时按钮中控制句柄为红色，表示"动画"面板中设置的参数对轨道上的所有动画都起作用。

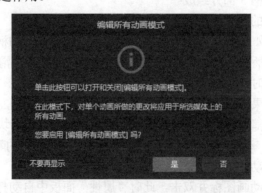

图 5-12　"编辑所有动画模式"对话框

②撤销动画参数设置。

单击"撤销"按钮 ，使"动画"面板上所有的动画参数设置取消，恢复到动画的原始状态。

③缩放设置。

"缩放"右侧有一个水平滑块，用来调整媒体元素缩放的大小。向左调小，最小值为 1%；向右调大，最大值为 500%。

④不透明度设置。

可以通过设置动画的不透明度，使添加了动画效果的画面出现忽明忽暗的效果。"不透明度"右侧有一个水平滑块，可用来设置动画的不透明度。向左调滑块使画面降低透明度，最小值为 0；向右调滑块使画面提高透明度，最大值为 100%。

在轨道上选择一个已存在的动画，把播放头滑块定位在动画开始位置上，设置动画开始时的不透明度数值，再把播放头滑块定位在动画结束位置上，设置动画结束时的不透明度数值，这样动画在播放时从开始到结束就会有不透明度的变化。

⑤旋转设置。

"旋转"右侧有 X、Y、Z 三个旋转参数，分别代表三维坐标的 X 轴、Y 轴和 Z 轴。可以直接在三个参数后的文本框中输入数值，也可以使用鼠标旋转参数前的旋转按钮来改变文本框中的数值，设置媒体在三维空间中的旋转。

在时间轴轨道上选择一个现有动画，将播放头滑块定位于动画开始控制句柄上，在"动画"面板中设置其旋转的起始坐标数据，再将播放头滑块定位于动画结束控制句柄上，设置其旋转的结束坐标数据，这样就设置了该动画的旋转。

⑥位置设置。

在"动画"面板中可以精准设置媒体元素动画开始、动画结束时在画布上的位置，开始与结束位置的 X 轴、Y 轴和 Z 轴的值不同，播放时就会出现画面从某个位置运动到另一个位置的效果。

（5）使用快捷菜单控制动画播放。

选择轨道上的某个动画图标并单击右键，弹出的快捷菜单包括"剪切"、"复制""删除""启用渐隐"和"隐藏属性"菜单项，"启用渐隐"菜单包括"自动"、"指数输入/输出"、"线性"、"弹跳"和"反弹"子菜单项，如图 5-13 所示。

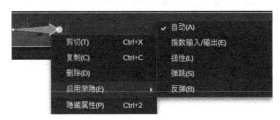

图 5-13　动画编辑的快捷菜单

剪切、复制、删除均可通过选定轨道上的动画并使用快捷菜单完成操作。"启用渐隐"菜单项所包含的选项主要用于动画进入与退出时效果的调节。如选择"指数输入/输出"命令，即启用动画缓和状态下，使动画的进入与退出看起来会更流畅、更自然；若选择"弹跳"命令，则动画在停止处会上下弹跳几下，使动画更加生动；选择"反弹"命令，则动画在停止处会沿着进入的方向反弹向下，同样使动画变得更加活泼。

（6）调整动画播放。

轨道上的动画播放开始、结束、位置等方面的调整都需要在轨道上完成。使用鼠标拖曳动画开始（或结束）控制句柄向左（或向右）移动，就会改变动画播放的时间长度；使用鼠标左右拖曳动画时长线，就会改变动画播放的位置。

7. 智能聚焦

智能聚焦是指为视频添加放大动画，使镜头跟随操作或鼠标移动而移动，并且该局部区域会呈现放大显示。智能聚焦能够使生成视频的局部区域比原始尺寸小，从而放大该区域，可以保证视频的局部区域有较好的视觉效果。该功能的提供为完成镜头移动、局部放大等操作过程，节省了手动插入缩放、平移动画及编辑的时间。

（1）启用智能聚焦功能。

在"编辑"菜单中选择"首选项"命令，打开"首选项"对话框，并在"程序选项"中勾选"锁定智能聚焦到最大缩放"和"将智能聚焦应用到已添加的剪辑"两个复选项，如图 5-14 所示。

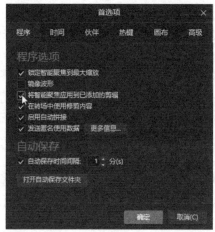

图 5-14　在"首选项"对话框中启用"智能聚焦"功能

（2）收集智能聚焦技术数据。

在使用 Camtasia Studio 的"录像机"录制视频的过程中，将自动收集鼠标操作或鼠标移动等智能聚焦技术数据。当对录制的视频进行编辑时，就会在鼠标操作或鼠标移动等位置处的轨道上自动添加缩放动画，并可对这些动画进一步编辑。

（3）使用"动画"面板的"智能聚焦"功能添加更多的缩放动画。

经过上述步骤录制的视频，"动画"面板的"智能聚焦"功能才可以使用。

 【操作体验】

【任务 5-1】　添加与设置转场效果

【任务描述】

（1）新建项目，并以"添加与设置转场效果"为名称保存该 Camtasia Studio 项目。

（2）将图片 1、图片 2 和图片 3 导入媒体箱中。

（3）使用鼠标拖曳的方法将媒体箱中的 3 张图片添加到时间轴的轨道 1 上，排列顺序为图片 1、图片 2 和图片 3。

（4）为图片 1 的开始处、结束处和图片 2 的开始处添加同一种"条状"转场效果，并设置相同的转场时长。

（5）为图片 2 的结束处添加"梯度擦拭"转场效果，为图 3 开始处添加"伸展"转场效果，并设置不同的转场时长。

（6）为图片 3 的结束处添加"随机溶解"转场效果，并设置转场时长为 2 秒。

【任务实施】

（1）新建 Camtasia Studio 项目。

在"文件"菜单中选择"新建项目"命令，新建一个 Camtasia Studio 项目。

（2）保存 Camtasia Studio 项目。

选择"文件"菜单中的"保存"命令，打开"另存为"对话框，在该对话框中输入文件名"添加与设置转场效果"，然后单击"保存"按钮即可。

（3）导入图片。

把图片 1、图片 2 和图片 3 导入媒体箱中。

（4）将 3 张图片依次添加到画布上。

从媒体箱中将图片 1、图片 2 和图片 3 按顺序添加到轨道上，如图 5-15 所示。

图 5-15　在轨道 1 上添加 3 张图片

（5）为 3 处添加同一种转场效果。

打开"转场"选项卡，在"类型"右侧下拉列表中选择"擦拭"命令，从转场列表区选择"条状"转场，使用鼠标把"条状"转场拖曳到轨道的图片 1 上，并且悬停于中间位置（非图片的开始处和结束处），出现绿色矩形，并且鼠标指针右下方带"+"，如图 5-16 所示。

图 5-16　鼠标光标悬停于图片中间位置

松开鼠标左键，在图片 1 的开始处、结束处和图片 2 的开始处添加同一种"条状"转场效果，并且转场时长也相同，图片 1 开始处的转场时长为 1 秒，图片 1 结束处和图片 2 开始处的转场时长均为 1/2 秒（15 帧），如图 5-17 所示。

（6）为两处添加不同的转场效果。

在"转场"选项卡的"类型"中选择"擦拭"命令，从转场列表区中选择"梯度擦拭"转场效果并把它拖曳到轨道 1 上的图片 2 与图片 3 之间，即可完成两张图片之间"梯度擦拭"转场效果的添加。

图 5-17　在图片 1 的开始处、结束处和图片 2 的开始处添加同一种"条状"转场效果

使用鼠标将图片 3 向右稍移，使之与图片 2 有一定间隔。然后选定图片 3 开始处的"梯度擦拭"转场效果，在"转场"面板的"类型"下拉列表中选择"运动"→"伸展"，将图片 3 开始处"梯度擦拭"转场效果替换为"伸展"转场效果。

（7）为轨道 1 处单独添加转场效果。

在"转场"选项卡的"类型"中选择"格式化"命令，从转场列表区中选择"随机溶解"命令，并把它拖曳轨道 1 上图片 3 的结束处，松开鼠标左键，即单独为图片 3 的结束处添加"随机溶解"转场效果。

把鼠标移到图片 3 转场的开始位置，当鼠标指针变为双向箭头时，按住鼠标左键向左拖曳，并调整转场时长为 2 秒。

使用鼠标拖曳的方法把图片 3 向左推移，使之与图片 2 无缝对接。在图片 3 结束处添加的"随机溶解"转场效果及其时长如图 5-18 所示。

图 5-18　在图片 3 结束处添加的"随机溶解"转场效果及其时长

选择"文件"菜单的"保存"命令，保存项目的各项设置。

【任务 5-2】 制作放大动画

【任务描述】

（1）新建项目，并以"制作放大动画"为名称保存该 Camtasia Studio 项目。

（2）将视频"醉美丹巴"导入媒体箱中，使用鼠标拖曳的方法将媒体箱中的视频添加到时间轴的轨道 1 上。

（3）在视频"醉美丹巴"的 4 秒 10 帧处设置放大动画，即可放大文字"中国美丽的乡村"。

【任务实施】

（1）新建 Camtasia Studio 项目。

选择"文件"菜单的"新建项目"命令，新建一个 Camtasia Studio 项目。

（2）保存 Camtasia Studio 项目。

选择"文件"菜单的"保存"命令，打开"另存为"对话框，在该对话框中输入文件名"制作放大动画"，然后单击"保存"按钮即可。

（3）导入视频。

使用鼠标拖曳的方法把视频"醉美丹巴"导入媒体箱中。

（4）将视频添加到轨道 1 上。

从媒体箱中把视频"醉美丹巴"添加到轨道上，在时间轴工具栏的"缩放条"位置单击右键，并在弹出的快捷菜单中选择"缩放到适合"命令。

（5）制作放大动画。

通过拖曳播放头滑块和使用"预览"窗口的"上一帧"或"下一帧"按钮，使播放头滑块定位于 4 秒 10 帧，在"缩放和平移"子选项卡中，使缩放矩形框变小，并调整至画面的中部位置，正好能容纳文字"中国美丽的乡村"，如图 5-19 所示。这样在播放视频到 4 秒 10 帧时该区域会放大播放，如图 5-20 所示。

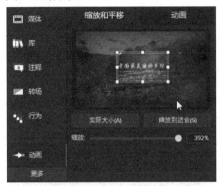

图 5-19　在"缩放和平移"子选项卡中调整缩放矩形框的大小和位置

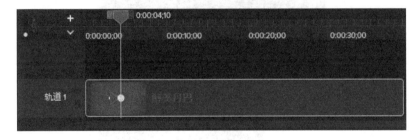

图 5-20　轨道 1 上添加放大动画

（6）保存项目。

在"文件"菜单中选择"保存"命令，保存项目。

 【应用实战】

【任务 5-3】　连接多个视频片段目设置转场效果

【任务描述】

（1）将"中国风景片头"、"九寨沟与黄龙"、"张家界"和"中国风景片尾"顺序连接，合成为一个完整的视频，命名为"风景如画"。

（2）在"中国风景片头"的开始位置和结束位置都添加"圈伸展"转场效果，转场时间默认为 1 秒。

（3）在"九寨沟与黄龙"视频片段的开始位置添加"翻转"转场效果，结束位置添加"折叠"转场效果，转场时间默认 1 秒。

（4）在"张家界"视频片段的开始位置和结束位置都添加"翻页"转场效果，转场时间设置为 2 秒。

（5）在"中国风景片尾"的开始位置添加"螺旋"转场效果，转场时间默认为 1 秒。

【任务实施】

1．添加多个视频片段

（1）在 Camtasia Studio 编辑窗口中导入媒体。

选择"文件"菜单的"新建项目"命令，新建一个项目，然后导入视频文件"中国风景片头"、"九寨沟与黄龙"、"张家界"和"中国风景片尾"。

（2）将视频文件"中国风景片头"添加到轨道上。

在媒体箱中选中视频文件"中国风景片头"，然后按住鼠标左键拖曳到轨道 1 的位置。使用类似方法将其他视频片段按顺序添加到轨道 1 上。

2．为视频片段添加转场效果

（1）为"中国风景片头"设置转场效果。

选择"转场"选项卡，在"类型"下拉列表框中选择"运动"命令，转场区域显示"运动"类型的转场效果，如图 5-21 所示。

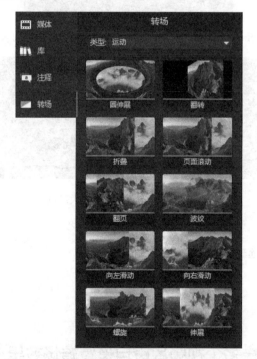

图 5-21　"运动"类型的转场效果

在轨道 1 上单击选择要添加转场效果的"中国风景片头"片段，并在显示的"运动"类型的转场效果中，单击右键将要使用的转场效果"圈伸展"，在弹出的快捷菜单中选择"添加到所选媒体"命令，此时"中国风景片头"片段的开始位置和结束位置都会出现绿色矩形，默认的转场时间为 1 秒，把鼠标悬停于该转场的结束位置矩形区域，鼠标指针变为双向箭头，此时会显示添加转场效果的名称、开始时间、持续时间、媒体类型等信息，如图 5-22 所示。

（2）为"九寨沟与黄龙"视频片段添加转场效果。

使用鼠标将"翻转"转场拖曳到轨道 1"九寨沟与黄龙"视频片段的开始位置，出现绿色矩形后松开鼠标左键，完成开始位置的转场效果设置。

使用鼠标将"折叠"转场拖曳到轨道 1"九寨沟与黄龙"视频片段的结束位置，出现绿色矩形后松开鼠标左键，完成结束位置的转场效果设置。

（3）为"张家界"视频片段添加转场效果。

图 5-22　转场效果的相关信息

使用鼠标将"翻页"转场拖曳到轨道 1"张家界"视频片段的中间任意位置，当该视频片段的开始位置和结束位置同时出现绿色矩形时，松开鼠标左键，即可完成"张家界"视频片段的开始和结束位置的转场效果设置。

把鼠标指针移到转场的开始位置或结束位置，当鼠标指针变为双向箭头时，按住鼠标左键向左或向右拖曳，调整转场的时长为 2 秒即可。

（4）为"中国风景片尾"的开始位置添加转场效果。

使用鼠标将"螺旋"转场拖曳到轨道 1"中国风景片尾"视频片段的开始位置，当出现绿色矩形时松开鼠标左键，即可完成开始位置的转场效果设置。

说明：如果需要删除添加的转场效果，只需单击右键转场效果的绿色矩形，并在弹出的快捷菜单中选择"删除"命令即可。

3．保存视频项目

选择"文件"菜单的"保存"命令，打开"另存为"对话框，输入文件名"风景如画"，然后单击"保存"按钮即可。

4．预览视频

单击"播放"按钮，可在预览窗口预览轨道 1 上的视频和转场效果。

5．生成并分享视频

单击"分享"按钮，在其下拉菜单中选择第 1 种方式"本地文件"选项，打开"生成向导"界面，然后按提示进行操作即可生成视频。

【任务 5-4】　为视频"湖南省的丹霞地貌分布"添加适当的动画效果

【任务描述】

（1）将视频"湖南省的丹霞地貌分布"导入媒体箱中。

（2）将媒体箱中的视频"湖南省的丹霞地貌分布"添加到时间轴的轨道 1 上。

（3）为视频"湖南省的丹霞地貌分布"添加适当的动画效果。

①将"0:00:45;20"位置需要重点展示的内容"石牛寨"设置局部放大效果。

②将"0:01:16;15"位置的局部视频画面设置"三轴旋转"动画效果。

③将"0:01:31;08"位置的局部视频画面设置"完全透明"动画效果。

④将"0:01:43;18"位置的局部视频画面设置"完全不透明"动画效果。

⑤将"0:02:02;15"位置的局部视频画面设置"向左倾斜"动画效果。

⑥将"0:02:23;29"位置的局部视频画面设置"按比例放大"动画效果。

（4）以"湖南省的丹霞地貌分布动画设置"为名称保存视频项目。

（5）生成与分离视频。

【任务实施】

（1）在 Camtasia Studio 编辑窗口中导入媒体。

导入视频文件"湖南省的丹霞地貌分布"。

（2）将视频文件"湖南省的丹霞地貌分布"添加到轨道上。

在媒体箱中单击视频文件"湖南省的丹霞地貌分布"，然后按住鼠标左键拖曳到轨道 1 的位置。

（3）预览视频。

单击"播放"按钮，在预览窗口中预览一次视频文件"湖南省的丹霞地貌分布"。

（4）局部放大需要重点展示的内容"石牛寨"。

在轨道 1 的位置单击选定要添加动画的视频"湖南省的丹霞地貌分布"，将播放头滑块定位到要重点展示的视频位置"0:00:45;20"，然后在工具栏区域单击"动画"按钮，切换到"动画"选项卡，并在"缩放和平移"选项卡的任务显示区中显示当前指针位置的画面，如图 5-23 所示。

图 5-23　在"缩放和平移"选项卡的任务显示区中显示当前指针位置的画面

在"缩放和平移"选项卡任务显示区中，选择预览画面角点或四边中心的空心圆点圈，通过鼠标拖曳将"0:00:45;20"位置需要重点展示的内容"石牛寨"进行放大，放大比例为 287%，如图 5-24 所示，然后用鼠标拖曳播放头滑块到不再需要放大展示的位置"0:00:51;00"时，选择任务显示区的"缩放到合适"命令即可。

预览设置了缩放动画的局部视频效果。

（5）添加"三轴旋转"动画效果。

将播放头滑块定位于"0:01:16;15"位置，从动画选项卡中将"自定义"动画拖曳到播放头滑块所在位置，即在轨道 1 上添加了一个动画。使用鼠标向右拖曳动画结束控制句柄到"0:01:21;07"位置，即可调整动画时长。

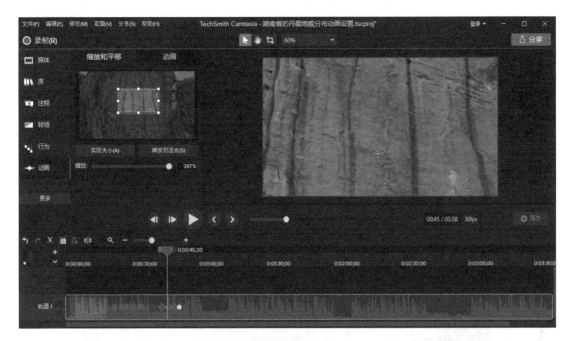

图 5-24　放大重点展示的内容"石牛寨"

在轨道 1 上刚添加的"自定义"动画控制句柄上双击，在"属性"窗口的"视觉属性"面板中设置旋转参数 Z 为 360°、Y 为 360°、X 为 360°，如图 5-25 所示。

图 5-25　在"属性"窗口的"视觉属性"面板中设置旋转参数

将播放头滑块定位于"0:01:24;26"位置，在轨道 1 的旋转动画上单击右键，并在弹出的快捷菜单中选择"启用渐隐"子菜单的"反弹"命令，如图 5-26 所示。

从动画选项卡中将"还原"动画拖曳到播放头滑块所在的位置，即可将轨道 1 上对应动画的参数设置还原为初始状态。

预览设置了"三轴旋转"动画效果的局部视频，其中动画效果的一个画面如图 5-27 所示。

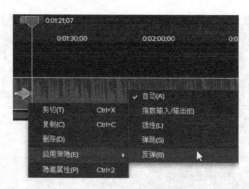

图 5-26 在"启用渐隐"子菜单中选择"反弹"命令

图 5-27 预览"三轴旋转"动画效果的一个画面

（6）添加"完全透明"和"完全不透明"的动画效果。

将播放头滑块定位于"0:01:31;08"，从动画选项卡中将"完全透明"动画拖曳到播放头滑块所在位置，即在轨道 1 上添加一个动画。使用鼠标向右拖曳动画结束控制句柄到"0:01:38;13"的位置，即可调整动画时长。

将播放头滑块定位于"0:01:43;18"，从动画选项卡中将"完全不透明"动画拖曳到播放头滑块所在位置，即可在轨道 1 上添加一个动画。使用鼠标向右拖曳动画结束控制句柄到"0:01:49;18"位置，即可调整动画时长。

预览设置了"完全透明"和"完全不透明"动画效果的局部视频，该段视频首先出现完全透明动画效果，然后出现完全不透明动画效果。

（7）添加"向左倾斜"动画效果。

将播放头滑块定位于"0:02:02;15"，从动画选项卡中将"向左倾斜"动画拖曳到播放头滑块所在位置，即可在轨道 1 上添加一个动画。使用鼠标向右拖曳动画结束控制句柄到"0:02:07;20"，即可调整动画时长。

将播放头滑块定位于"0:02:12;11",从动画选项卡中将"还原"动画拖曳到播放头滑块所在位置,即可将轨道 1 上对应动画的参数设置还原为初始状态。

预览设置了"向左倾斜"动画效果的局部视频,如图 5-28 所示。

图 5-28　预览"向左倾斜"动画效果的一个画面

(8)添加"按比例放大"动画效果。

将播放头滑块定位于"0:02:23;29",从动画选项卡中将"按比例放大"动画拖曳到播放头滑块所在位置,即可在轨道 1 上添加一个动画。

切换到"缩放和平移"选项卡,在该选项卡的任务显示区选择预览画面角点或四边中心的空心圆点圈,通过鼠标拖曳将"0:02:23;29"位置需要重点展示的内容"飞天山铁鼎寨"进行放大,放大比例为 314%,如图 5-29 所示。然后用鼠标拖曳播放头滑块到不再需要放大展示的位置"0:02:26;12"时,单击任务显示区的"缩放到合适"按钮即可。

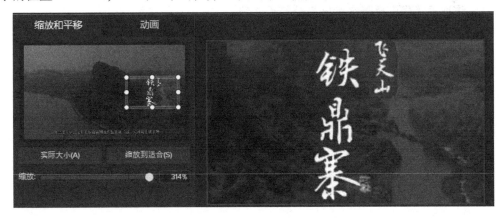

图 5-29　放大重点展示的内容"飞天山铁鼎寨"

将播放头滑块定位于"0:02:26;12",从动画选项卡中将"缩放至适合"动画拖曳到播放头滑块所在位置,即可使轨道 1 上对应帧位置的视频不再缩放。

预览设置了"按比例放大"动画效果的局部视频。

（9）预览媒体。

将播放头滑块拖曳到轨道上的开始位置，单击"播放"按钮，可在预览窗口中浏览视频及设置的动画效果。

（10）保存视频项目。

选择"文件"菜单的"另存为"命令，打开"另存为"对话框，输入文件名"湖南省的丹霞地貌分布动画设置"，然后单击"保存"按钮即可。

（11）生成并分享视频。

单击"分享"按钮，在其下拉菜单中选择第1种方式"本地文件"命令，打开"生成向导"界面，然后按提示进行操作即可生成视频。

 【自主训练】

【任务 5-5】 为视频"华山风景名胜区"添加适当的动画效果

【任务描述】

（1）将视频"华山风景名胜区"导入媒体箱中。

（2）将媒体箱中的视频"华山风景名胜区"添加到时间轴的轨道1上。

（3）为视频"华山风景名胜区"添加适当的动画效果。

（4）以"华山风景名胜区"为名称保存视频项目。

（5）生成与分离视频。

【任务 5-6】 分割视频"华山风景名胜区"且设置转场效果

【任务描述】

（1）将视频"华山风景名胜区"分割为3段。

（2）为分割后的各视频片段添加转场效果，并设置合适的转场时间。

单元6 灵活应用注释

注释是指在媒体中添加标注、线条、形状、特效或强调重点内容的文字或图形，其主要作用是通过注释、提示内容来吸引观众的注意力，或者对某些内容做进一步解释。Camtasia Studio 提供了多种类型的注释，运用这些注释能够丰富视频的内容，实现良好的视觉效果。

 【知识梳理】

注释的使用需要由"注释"选项卡、"注释"面板、画布、轨道四者结合完成，"注释"选项卡主要用于注释的选择与添加，"注释"面板用于对注释属性参数的设置，画布与轨道用于对注释的操作。

1. "注释"选项卡

在 Camtasia Studio 编辑窗口中，单击"注释"按钮，可切换到"注释"选项卡。"注释"选项卡包括"标注"、"箭头和线条"、"形状"、"特效"、"动画绘制"和"按键标注"6 个子选项卡，每个子选项卡包括样式、注释列表区域两部分，"样式"右侧有下拉列表框，该列表框中的列表项是该类注释中所包含的注释样式种类，注释列表区域列出了某种样式所有的注释。注释的选择通过"注释"选项卡完成。

（1）标注类注释。

"标注"子选项卡如图 6-1 所示。标注包括抽象、基础、粗体、城市、传统 5 种样式，标注由图形和文本组成，图形部分不可对其边框、填充等进行设置，但可在画布上改变其大小、位置、旋转角度，文本部分可以对其字体、大小、对齐、颜色、样式等进行设置。

（2）箭头和线条类注释。

"箭头和线条"子选项卡如图 6-2 所示。箭头和线条包括抽象、基础、粗体、城市、传统 5 种样式，线型有实线、虚线、点画线。箭头和线条上不可添加文本，但可使用"注释"面板设置其颜色、线条样式、厚度、不透明度等，画布上也可以改变其大小、位置、旋转角度等。

图 6-1 "标注"子选项卡

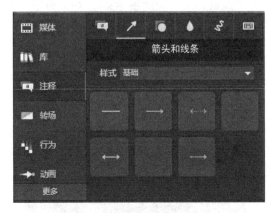

图 6-2 "箭头和线条"子选项卡

（3）形状类注释。

"形状"子选项卡如图 6-3 所示。"形状"注释主要起指示作用，只有图形，不包含文本。形状注释包括抽象、基础、粗体、城市 4 种样式，形状注释可以设置其边框、填充、效果等。编辑视频过程中，可以运用各种各样的形状进行组合、裁剪等操作，形成一种新形状的外观。

（4）特效类注释。

"模糊和高亮"子选项卡如图 6-4 所示。特效注释主要起到对视频部分区域进行特殊效果的处理，主要包括模糊、聚光灯、高亮、交互功能/热点、像素化 5 种类型，其中对于机密、敏感内容或个人隐私，在生成视频时不需要清晰显示，运用模糊注释、像素化注释就可以将这些信息实现模糊化或像素化的效果；编辑视频时如果需要对媒体的某个区域进行突出显示以引起观众的注意，可以运用聚光灯注释，使该区域突出显示而其他区域不变或变暗；交互功能/热点注释与其他类注释、超级链接结合使用，可为这些注释设置热点，实现视频的交互或网站链接的功能。

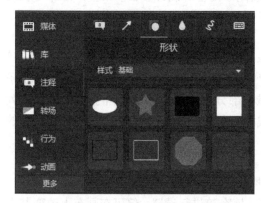

图 6-3 "形状"子选项卡

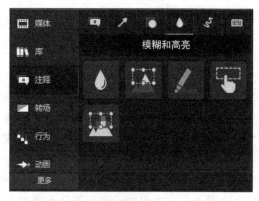

图 6-4 "模糊和高亮"子选项卡

（5）动画绘制类注释。

"动画绘制"子选项卡如图 6-5 所示。动画绘制标准主要起动态提示、指示作用，用以吸引观众的注意力，达到对重点内容的强调效果。该类注释会在特定时间内设置绘制的时间、颜色、淡入、淡出等效果。

（6）按键标注类注释。

"按键标注"子选项卡如图 6-6 所示。按键注释是指在视频编辑中，添加一个按快捷键的注释，把此类注释与热点结合，通过按组合键来实现视频的交互跳转。

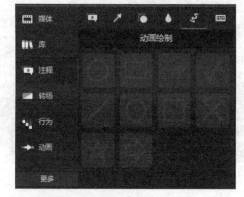

图 6-5 "动画绘制"子选项卡

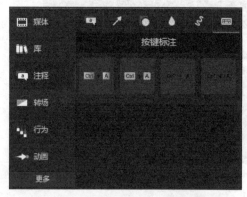

图 6-6 "按键标注"子选项卡

2．添加注释

添加注释的方法有两种：一是在"注释"选项卡中选择某类注释及该注释的样式，然后在注释列表区域双击选择所需要的注释，即可添加到画布（轨道）上；二是选择所需要注释后，用鼠标左键将所选注释拖曳到画布上某个位置即可。

3．画布上注释的操作

画布上添加注释后，可以改变注释的大小、移动与旋转注释、改变多个注释的叠放顺序等。

（1）改变注释的大小。

在画布上选择某个注释，该注释的四周有 8 个空心圆句柄，将鼠标移动到其中任意一个圆句柄上，该圆句柄会变为实心，此时使用鼠标拖曳圆句柄改变注释的大小（高度、宽度、对角线方向）即可，如图 6-7 所示。另外，还有一个"指向"圆句柄（鼠标移至其上会变为黄色），拖曳该圆句柄可以改变"指向"的位置、方向等。

图 6-7　改变注释的大小

（2）移动与旋转注释。

在画布上选择某个注释后，该注释内部会有两个空心圆句柄，如图 6-8（a）所示。靠左侧的一个是注释的中心圆句柄，将鼠标移动到其上会变为白色实心圆句柄，如图 6-8（b）所示，它可用来改变注释在画布上的位置，靠右侧（注释中心圆句柄的右侧）的一个是旋转圆句柄，将鼠标移动到其上会变为绿色实心圆句柄，且鼠标指针变为旋转箭头，如图 6-8（c）所示，该句柄用来进行旋转注释。

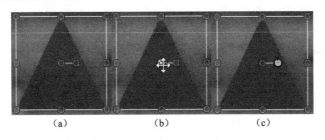

（a）　　　　　　　　（b）　　　　　　　　（c）

图 6-8　注释内部两个圆句柄的变化

（3）改变多个注释的叠放顺序。

　　画布上的叠放顺序决定着视频中注释的相互遮挡关系。位于画布同一区域的注释，前面的注释会对后面的注释予以遮挡，在轨道上体现为上面轨道的注释在前，下面轨道的注释在后。

　　在画布上单击选择中间的三角形图形，然后单击右键，并在弹出的快捷菜单中选择"排列"命令，该菜单有 4 个子菜单项："置于顶层"、"上移一层"、"下移一层"和"置于底层"，这里选择"上移一层"命令，如图 6-9 所示。操作完成后就会改变注释的叠放顺序。

图 6-9　在快捷菜单中选择"上移一层"命令

　　在轨道上也可以调整注释的叠放顺序，使用鼠标选择某条轨道上的某个注释，按住鼠标左键将其拖曳到其他轨道上，即可改变注释的叠放顺序。通过用鼠标在轨道间拖曳注释的方法可实现注释叠放顺序的调整。

　　（4）在注释中添加文本内容。

　　标注类的注释其本身带有文本框，将标注添加到画布（轨道）上后，默认文本内容为ABC，如果需要更改文本内容，只需要在画布的标注上双击，即可输入新的文本内容。其他类型的注释则需要运用文本标注配合来完成文本的添加。

　　4. 轨道上注释的操作

　　轨道上的注释可以实现剪切、复制、粘贴、复制属性、粘贴属性、复制效果、粘贴效果、组合、取消组合、添加剪辑速度、持续时间、添加到库等多种操作。例如，选择轨道上的多个注释并单击右键，在弹出的快捷菜单中选择"组合"命令，这样选定的多个注释就会组合为一个注释组；如果想取消注释组，可在注释组上单击右键，并在弹出的快捷菜单中选择"取消组合"命令即可。

　　5. 设置标注注释

　　标注注释由填充图形和文本框组成，需要对其填充图形、文字参数和阴影效果进行设置。

　　（1）设置标注注释的填充图形。

　　选中添加到画布或轨道上的标注注释，选择"属性"→"标注"，"标注"面板包括"视频属性"（如图 6-10 所示）、"标注属性"（如图 6-11 所示）、"文本属性"（如图 6-12 所示）3 个选项卡，其中"标注属性"选项卡用于设置标注填充图形的参数，包括"形状"、"填充"、"不透明度"、"轮廓"、"厚度"、"不透明度"等，如图 6-11 所示。

图 6-10　"标注"面板的"视频属性"选项卡　　　　　图 6-11　"标注"面板的"标注属性"选项卡

（2）添加与修改标注注释的文本。

在画布或轨道上添加标注注释后，默认的文本内容为"ABC"，可以对文本内容添加或者修改。添加与修改文本内容的方法是：在画布上选定标注注释后，在默认文本"ABC"上双击，此时文本变为反白显示，表示文本已处于可编辑状态，此时可以输入所需要的文本内容。

（3）设置标注注释的文本。

在画布或轨道上选中标注注释后，选择"属性"→"标注"→"文本属性"，如图 6-12 所示。"文本属性"设置包括"字体"、"大小"、"样式"、"对齐"、"自动旋转文本"等。

（4）设置阴影效果。

在画布或轨道上添加标注注释后，轨道的标注上会自动添加阴影效果条，阴影效果条为绿色。单击阴影效果条，在"属性"窗口中打开标注的"阴影"效果面板，如图 6-13 所示。该面板中可以设置"角度"、"颜色"、"偏移"、"不透明度"、"模糊"、"淡入"、"淡出"等效果。

图 6-12　"标注"面板"文本属性"选项卡　　　　　图 6-13　标注"阴影"效果面板

图 6-14　"箭头和线条"面板的"注释属性"选项卡

6. 设置箭头和线条注释

选中轨道上的箭头或线条时，在"属性"面板中会打开"箭头和线条"面板，该面板包括"视觉"和"注释"两个选项卡，其中"注释"选项卡用于设置箭头和线条的参数，如图 6-14 所示。

7. 设置特效注释

（1）模糊、聚光灯、像素化的注释属性设置。

在画布或轨道上添加模糊或聚光灯/像素化注释后，轨道的模糊或聚光灯/像素化注释上不会添加阴影效果，但可以为其添加行为效果和动画等。在轨道或画布上选定模糊或聚光灯/像素化注释，会在"属性"面板中打开对应的面板，其中包括"视觉"和"注释"两个面板，如图 6-15 所示。切换到"注释"面板，"模糊"注释的面板中包含强度、反转两个参数，"聚光灯/像素化"注释面板中则只有强度参数，如图 6-16 所示。强度用于设置模糊或聚光灯/像素化注释区域的程度，强度的数值通过其右侧的水平滑块来调节，数值范围为 0~100。反转则是决定对模糊注释区域内还是区域外进行模糊处理。

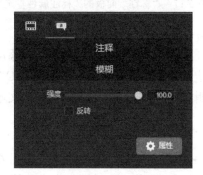

图 6-15　"模糊"注释面板

图 6-16　"聚光灯/像素化"注释面板

（2）高亮注释属性设置。

在画布或轨道上添加高亮注释后，轨道的高亮注释上不会添加阴影效果，但可以为其添加行为效果和动画等。在轨道或画布上选定高亮注释，此时在"属性"面板中打开"荧光笔"面板，该面板包括"视觉属性""文本属性"和"注释属性"3 个选项卡，如图 6-17 所示。也就是说，高亮注释可以在其上添加文本内容，文本属性的参数设置同标注注释中文本的设置相同。"注释"选项卡包括填充颜色、反转两个参数。

（3）交互功能/热点注释属性设置。

在画布或轨道上添加"交互功能/热点"注释后，画布和轨道上会出现"透明热点"，在轨道的"交互功能/热点"注释上不会添加阴影效果，但会自动添加"交互功能/热点"效果条，可为其添加行为效果、动画等。

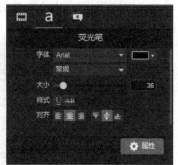

图 6-17　"荧光笔"注释的"文本属性"面板

在轨道或画布上选择"透明热点"命令，打开"透明热点"面板，该面板中包括"视觉"和"文本"两个选项卡，分别如图 6-18 和图 6-19 所示。

图 6-18　"透明热点"面板的"视觉"选项卡　　　图 6-19　"透明热点"面板的"文本"选项卡

也就是说，"交互功能/热点"注释可以在其上添加文本内容，文本属性的参数设置同标注注释中文本的设置类似。

在轨道上选中"透明热点"选项并单击其上的"交互功能/热点"效果条，则会在"属性"面板中打开"交互功能/热点"面板，如图 6-20 所示。

图 6-20　"交互功能/热点"面板

8．设置动画绘制注释

将动画绘制注释添加到画布（轨道）上后，会有一个动态的效果，也就是在播放时可产生一段持续时间的动画。

在画布或轨道上添加一个"动画绘制"注释后，会自动添加阴影效果，还可以为其添加行为效果、视觉效果和动画效果等，以达到突出重点的目的。

在轨道或画布上选定一个"动画绘制"注释，打开"动画绘制"面板，该面板中包括"视觉""注释"两个选项卡，如图 6-21 所示。选择"注释"选项卡，该选项卡中的参数包括"颜色"、"厚度"、"绘制时间"、"水平翻转"和"垂直翻转"。

9. 设置按键注释

在画布或轨道上添加按键注释后，会自动添加阴影效果，还可以为其添加行为效果、视觉效果和动画效果等。在轨道或画布上选定一个按键注释，此时"属性"面板会打开"按键"面板，该面板中包括"视觉"和"注释"两个选项卡。选择"注释"选项卡，其中的参数包括"样式"和"键盘按键"，如图 6-22 所示。

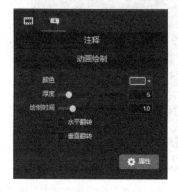

图 6-21   "动画绘制"面板

图 6-22   "按键"面板

 【操作体验】

【任务 6-1】 给图片添加多种注释与调整注释的叠放顺序

【任务描述】

（1）新建项目，并以"给图片添加注释与调整注释的叠放顺序"为名称保存该 Camtasia Studio 项目。

（2）将图片"独享美餐"导入媒体箱中，将该图片添加到轨道 1，并调整图片的播放时长为 6 秒 18 帧。

（3）在图片上添加形状为"思想气泡 1"的标注，并在该标注中输入文字"独享美餐"，设置字体为"微软雅黑"和"粗体"、颜色为"白色"、大小为"28"，水平方向的对齐方式设置为"居右对齐"，垂直方向的对齐方式为"垂直居中"。

（4）在图片上依次添加"三角形"和"星形"形状注释，其参数保持默认设置不变。

（5）依次设置画布上的叠放顺序分别为：标注、三角形形状、五角星形状；三角形形状、标注、五角星形状；五角星形状、三角形形状、标注、图片。

（6）将现在项目另存为"注释的操作"，并保存其位置不变。删除图片"独享美餐"的所有注释，以及所有的空白轨道。

【任务实施】

（1）新建 Camtasia Studio 项目。

选择"文件"菜单的"新建项目"命令，新建一个 Camtasia Studio 项目。

（2）保存 Camtasia Studio 项目。

选择"文件"菜单的"保存"命令，打开"另存为"对话框，在该对话框中输入文件名"给图片添加注释与调整注释的叠放顺序"，然后单击"保存"按钮即可。

（3）导入图片。

把图片"独享美餐"导入到媒体箱中。

（4）将图片"独享美餐"添加到轨道上。

从媒体箱中把图片拖曳到轨道 1 上，并调整图片的播放时长为 6 秒 18 帧。

（5）添加标注。

切换到"注释"选项卡，在"注释"选项卡的"标注"子选项卡中选择形状为"思想气泡 1"的标注并拖曳到画布上的相应位置，调整该标注在画布的位置，然后在画布上标注文本框中输入文本内容"独享美餐"，指向该标注的圆句柄（鼠标移至其上会变为黄色），拖曳该圆句柄改变"指向"的位置和方向，如图 6-23 所示。

（6）设置标注注释的文字属性。

在"标注"的"文字属性"面板中可设置文字的相关参数：字体为"微软雅黑"、颜色为"白色"、样式为"粗体"、大小为"28"、水平方向的对齐方式为"居右对齐"、垂直方向的对齐方式为"垂直居中"。"文字"面板的设置结果如图 6-24 所示。

图 6-23　在图片上添加标注且输入文本内容

图 6-24　标注注释的文字设置

（7）添加形状注释。

在"注释"选项卡中切换到"标注"子选项卡，分别将三角形形状和五角形形状添加到画布上，并调整其大小和位置。

（8）使用鼠标在轨道间拖曳注释的方法实现其叠放顺序的调整。

使用鼠标选择轨道 2 上的"标注"注释，按住鼠标左键将其拖曳到轨道 4 上；同样选择轨道 4 上的五角星形状的注释，按住鼠标左键将其拖曳轨道 2 上，即可改变注释的叠放顺序。调整轨道 2 和轨道 4 上注释的位置，结果如图 6-25 所示，画布上的标注、三角形形状、五角星形状、图片从前至后顺序排列，轨道上也是由上至下排列。

（9）使用快捷菜单实现注释叠放顺序的调整。

在画布上单击选择三角形形状，然后单击右键，在弹出的快捷菜单中选择"排列"子菜单中的"上移一层"命令。操作完成后会改变注释的叠放顺序，三角形注释将置于顶层，新的排列顺序为三角形形状、标注、五角星形状、图片，如图 6-26 所示。

图 6-25 标注、三角形形状、五角星形状、图片从前至后顺序排列

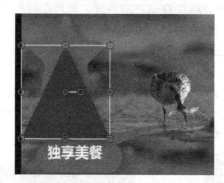

图 6-26 三角形形状、标注、五角星形状、图片从前至后顺序排列

在画布中单击选择五角星形状，然后单击右键，并在弹出的快捷菜单中选择"排列"子菜单中的"置于顶层"命令，如图 6-27 所示。

图 6-27 在快捷菜单中选择"置于顶层"命令

操作完成后会改变注释的叠放顺序，五角星形状注释将置于顶层，新的排列顺序为五角星形状、三角形形状、标注、图片，如图 6-28 所示。

图 6-28　五角星形状、三角形形状、标注、图片从前至后顺序排列

（10）保存当前项目"给图片添加注释与调整注释的叠放顺序"中的设置。

在"文件"菜单中选择"保存"命令，对当前项目"给图片添加注释与调整注释的叠放顺序"中的各项设置予以保存。

（11）将现有项目另存为"注释的操作"。

在"文件"菜单中选择"另存为"命令，并在弹出的"另存为"对话框的"文件名"文本框中输入新的项目名称"注释的操作"，然后单击"保存"按钮即可。

（12）删除图片上的已有注释。

在画布中的图片上选择已有标注注释，直接在键盘上按"Delete"键删除即可。在画布的图片中选择"五角星形"形状注释，然后单击右键，在弹出的快捷菜单选择"删除"命令即可删除，如图 6-29 所示；在轨道上的图片中选择"三角形"形状注释，然后单击右键，在弹出的快捷菜单中选择"删除"命令即可删除，如图 6-30 所示。

图 6-29　画布上注释的快捷菜单　　　　　图 6-30　轨道上注释的快捷菜单

（13）删除所有空白轨道。

在时间轴轨道左侧的轨道名称区域单击右键，在弹出的快捷菜单选择"删除所有空白轨道"命令，如图 6-31 所示，所有空白轨道即被删除。

图 6-31　在快捷菜单中选择"删除所有空白轨道"命令

（14）保存当前项目"注释的操作"中的设置。

在"文件"菜单中选择"保存"命令，对当前项目"注释的操作"中的各项设置予以保存。

【任务 6-2】　给图片添加椭圆动画绘制注释

【任务描述】

（1）新建项目，并以"添加动画绘制注释"为名称保存该 Camtasia Studio 项目。

（2）将图片"独享美餐"导入媒体箱中，并将该图片添加到轨道 1 上，调整图片的播放时长为 6 秒 18 帧。

（3）在图片中"勺嘴鹬"位置添加一个"椭圆"动画绘制注释，并设置绘制时间为 5 秒。

（4）为"椭圆"动画绘制添加"着色"视频效果。

（5）为"椭圆"动画绘制添加"按比例放大"动画。

【任务实施】

（1）新建 Camtasia Studio 项目。

在"文件"菜单中选择"新建项目"命令，新建一个 Camtasia Studio 项目。

（2）保存 Camtasia Studio 项目。

选择"文件"菜单中的"保存"命令，打开"另存为"对话框，在该对话框中输入文件名"添加动画绘制注释"，然后单击"保存"按钮即可。

（3）导入图片。

把图片"独享美餐"导入媒体箱中。

（4）将图片"独享美餐"添加到轨道上。

从媒体箱中把图片拖曳到轨道 1 上，并调整图片的播放时长为 6 秒 18 帧。

（5）添加"椭圆"动画绘制注释。

单击"注释"按钮，切换到"注释"选项卡，在"注释"选项卡的"动画绘制"子选项卡中，用鼠标指向"椭圆"动画绘制注释，然后按住鼠标左键拖曳到图片中"勺嘴鹬"的位置，并与"勺嘴鹬"重合，调整该动画绘制框的位置和尺寸，结果如图 6-32 所示。

在画布上选定"椭圆"动画绘制注释，然后在"动画绘制"面板的"注释属性"选项卡中设置颜色为"#1B9D2C"、厚度为"8"、绘制时间为"5.0"，即需要 5 秒时间绘制完成"椭圆"注释，且勾选"水平翻转"和"垂直翻转"两个复选项，其注释属性设置如图 6-33 所示。

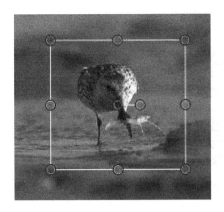

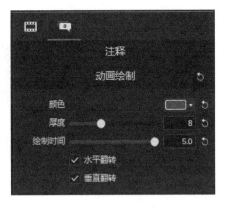

图 6-32　在图片中添加"椭圆"动画绘制注释　　　图 6-33　设置"椭圆"动画绘制注释的属性

（6）调整"动画绘制椭圆"的播放时长。

把鼠标移到注释结束位置，当鼠标箭头变为水平双向箭头时，然后按住左键向右拖曳，使"动画绘制椭圆"的播放时长与图片的播放时长相同，即为 6 秒 18 帧，如图 6-34 所示。

图 6-34　调整"动画绘制椭圆"的播放时长与图片的播放时长相同

动画绘制的"椭圆"的停留时间是指从动画绘制"椭圆"完成到播放结束的时间，当动画绘制的时间固定时，动画注释的停留时间取决于注释的播放时长，这里的"椭圆"的停留时间为 6 秒 18 帧减去 5 秒，即为 1 秒 18 帧

（7）预览"椭圆"动画绘制注释的效果。

在预览窗口观看"椭圆"动画绘制注释的效果，"椭圆"动画绘制注释完成后的外观效果如图 6-35 所示。同时观察动画的绘制时长和停留时长。

（8）为"椭圆"动画绘制添加"着色"视觉效果。

动画绘制添加到轨道上后，还可以为其添加视觉效果、行为效果和动画效果等。在"视频"效果选项卡中，从视觉

图 6-35　"椭圆"动画绘制注释
完成后的外观效果

效果列表区域把"着色"效果添加到轨道的"动画绘制椭圆"上，并双击"着色"效果条，在"着色"效果面板中，设置颜色为"白色"、淡入时间和淡出时间均为"2.00s"，如图 6-36 所示。这样原注释线条为绿色，添加的着色为白色，则注释线条变为粉色，在 5 秒的绘制过程有 2 秒的淡入效果，会呈现由绿色变为粉色的绘制过程。

（9）为"椭圆"动画绘制添加"按比例放大"动画。

在"动画"选项卡中，从动画的列表中选择"按比例放大"命令，并将其应用于"动画绘制椭圆"的开始播放位置，设置动画时长为 5 秒。轨道上添加了视觉效果和动画效果的"动

画绘制椭圆"注释如图 6-37 所示。

图 6-36　在"着色"效果面板中设置视觉效果的属性

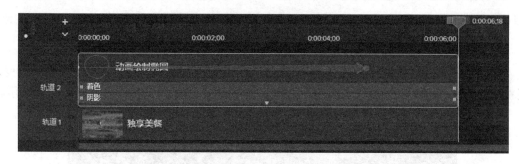

图 6-37　添加了视觉效果和动画效果的"动画绘制椭圆"注释

（10）预览设置了视频效果和动画效果的"椭圆"动画绘制。

在预览窗口中观看"椭圆"动画绘制注释的效果，可以看到"椭圆"动画绘制注释呈现绘制、淡入、按比例放大三者同时进行的动态效果。

（11）保存当前项目"添加动画绘制注释"中的设置。

在"文件"菜单中选择"保存"命令，对当前项目"添加动画绘制注释"中的各项设置予以保存。

【应用实战】

【任务 6-3】　为视频"贵州梵净山"添加特殊效果

【任务描述】

（1）将视频"贵州梵净山"导入媒体箱中。

（2）将媒体箱中的视频"贵州梵净山"添加到时间轴的轨道 1 上。

（3）使用特殊注释的方式为视频"新华网"和"新华鹰"的 LOGO 图标添加马赛克效果。

（4）使用特殊注释的方式为视频"鸟瞰世界自然遗产地——贵州梵净山"的画面，添加聚光灯效果

（5）以"贵州梵净山"为名称保存视频项目。

（6）生成与分享视频。

【任务实施】

（1）在 Camtasia Studio 编辑窗口导入媒体。

选择"文件"菜单的"新建项目"命令，新建一个项目，然后向媒体箱中导入视频"贵州梵净山"。

（2）将视频添加到轨道 1 上。

按住鼠标左键拖曳，将媒体箱中视频"贵州梵净山"添加到时间轴的轨道 1 上。

（3）预览视频"贵州梵净山"。

单击"播放"按钮，在预览窗口预览视频，其中如图 6-38 所示画面右上角的"新华网"和"新华鹰"的标识清晰可见。

图 6-38　预览视频"贵州梵净山"时的一个画面

（4）添加"像素化"特殊注释。

选择"注释"选项卡，显示"注释"任务区域，并切换到"特殊"选项卡，将鼠标指针指向"像素化"按钮，如图 6-39 所示。

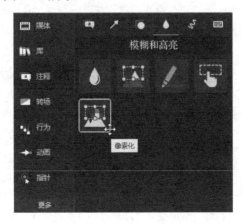

图 6-39　用鼠标指针指向"像素化"按钮

用鼠标指针指向"像素化"按钮后，按住鼠标左键拖曳到预览窗口当前画面右上角"新华网"和"新华鹰"的标识位置。在画面右上角便会出现像素化注释框，选择该注释框，并通过拖曳句柄调整其位置和尺寸，添加像素化注释框的画面及属性设置，如图 6-40 所示。

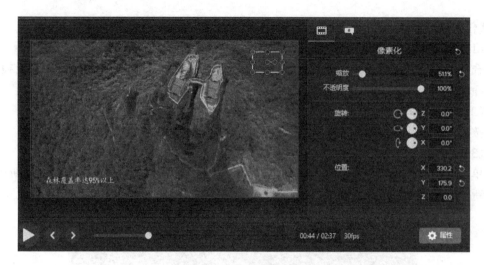

图 6-40　添加像素化注释框的画面及属性设置

在画面中添加像素化注释后，视频媒体位于轨道 1，像素化注释位于轨道 2，调整像素化注释的时长与视频媒体时长为相同时长，即为 2 分 37 秒 3 帧。

单击"播放"按钮，在预览窗口预览添加像素化注释的视频，可以看到在所有画面右上角"新华网"和"新华鹰"的标识位置都出现了马赛克效果。

（5）添加"聚光灯"特殊注释。

调整轨道上播放头滑块到"0:00:06;05"位置，用鼠标指针指向"聚光灯"按钮后，按住鼠标左键，拖曳到预览窗口的"鸟瞰世界自然遗产地——贵州梵净山"的位置。在画面中部便会出现聚光灯注释框，选择该注释框，通过拖曳句柄调整其位置和尺寸，添加聚光灯注释框的画面及属性设置如图 6-41 所示。

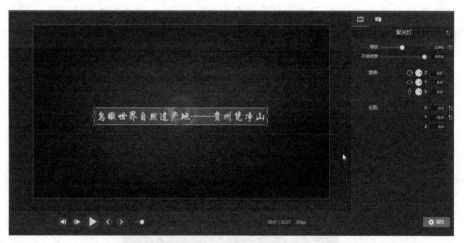

图 6-41　添加聚光灯注释框的画面及属性设置

在画面中添加聚光灯注释后，视频媒体位于轨道 1，像素化注释位于轨道 2，聚光灯注释位于轨道 3，调整聚光灯注释的结束点为"0:00:08;16"，即持续时长为 2 秒 11 帧，如图 6-42 所示。

图 6-42 在轨道上分别添加视频媒体、像素化注释和聚光灯注释

在"聚光灯/像素化"面板的"注释属性"选项卡中设置强度属性值为"100"。

（6）预览媒体。

将播放头滑块拖曳到轨道上的开始位置，单击"播放"按钮，在预览窗口中浏览视频及特殊注释效果。

（7）保存视频项目。

选择"文件"菜单的"保存"命令，打开"另存为"对话框，输入文件名"贵州梵净山"，然后单击"保存"按钮即可。

（8）生成并分享视频。

单击"分享"按钮，在其下拉菜单中选择第 1 种方式"本地文件"命令，打开"生成向导"界面，然后按提示进行操作即可生成视频。

【自主训练】

【任务 6-4】 为视频"三沙归来不看海"添加多种注释

【任务描述】

（1）将视频"三沙归来不看海"导入媒体箱中。

（2）将媒体箱中的视频"三沙归来不看海"添加到时间轴的轨道 1 上。

（3）使用透明标注注释在视频封面上添加视频标题，内容为"三沙归来不看海"，设置标题颜色为"#06AF8F"、大小为"64"、字体为"微软雅黑"、字形为"粗体"，以及水平对齐和垂直对齐方式均为"居中"。

（4）使用特殊注释的方式为视频中 8 秒 18 帧处的文字"启航"添加聚光灯效果。

（5）为视频中 10 帧处（飞翔的鸟）添加动画绘制圆注释，轨道播放时长为 21 帧。

（6）以"三沙归来不看海"为名称保存视频项目。

单元 7　添加与编辑字幕

字幕是指显示在视频上的文本，主要用于在播放视频时为观众提供视觉上的帮助或解释性信息。

 【知识梳理】

1. "字幕"选项卡与"字幕"编辑窗口

Camtasia Studio 中字幕的添加与编辑需要在"字幕"选项卡与"字幕"编辑窗口中进行。

（1）"字幕"选项卡。

在 Camtasia Studio 编辑窗口中单击"字幕"按钮，切换到"字幕"选项卡。"字幕"选项卡包括"脚本选项"按钮🔧、"添加字幕"按钮和字幕列表区域，如图 7-1 所示。"添加字幕"按钮用于一条一条地添加字幕。

在"字幕"选项卡中单击左上角的"脚本选项"按钮，弹出下拉列表框，其中包括同步字幕、导入字幕、导出字幕和语音转字幕 4 个选项，如图 7-2 所示。

图 7-1　"字幕"选项卡　　　　　　　　　图 7-2　"脚本选项"下拉列表

添加了字幕的"字幕"选项卡如图 7-3 所示，可在字幕列表区域显示出每一条字幕的开始时间和字幕内容。

（2）"字幕"编辑窗口。

在"字幕"选项卡中单击"添加字幕"按钮，即可打开"字幕"编辑窗口，如图 7-4 所示。在"字幕"选项卡中可以快速选定某一条字幕，并且"字幕"编辑窗口也会同步打开。

图 7-3　添加了字幕的"字幕"选项卡　　　　　图 7-4　"字幕"编辑窗口

"字幕"编辑窗口包括文本输入区和字幕编辑工具栏，文本输入区用于输入字幕文本，也可以把其他软件中的文本复制后粘贴于此。在"字幕"编辑窗口中输入的字幕内容，字符内容不得超过 3 行，否则超出部分将不在视频中显示。若需要显示可将该字幕分割为两段。

字幕编辑工具栏包括"字体属性"按钮、ADA 标准、持续时间、"字幕选项"按钮、"上一条字幕"按钮、"下一条字幕"按钮、"循环播放当前字幕"按钮和"添加新字幕"按钮。

当打开"字幕"编辑窗口时，该编辑窗口左上角有 ADA 选项列表框，默认状态下该列表框为白色字符且已被选中。如果使用的是默认状态，在文本输入区域中输入字幕内容后，则文本的字符格式自动变为 ADA 标准格式，同时字幕添加在轨道播放头滑块所在位置，字幕默认播放时间为 4 秒。

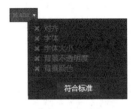

如果改变了字符的格式，则该列表框字符为红色，并且在列表框中列出了更改的属性，如图 7-5 所示。

图 7-5　更改的属性列表

单击"字体属性"按钮，打开"文本样式"对话框，如图 7-6 所示，该对话框用于设置字幕文本的字体、大小、填充、不透明度、对齐等参数。字体属性设置完成后，在"字幕"编辑窗口的文本输入区域中输入字幕内容后，轨道播放头滑块所在位置会自动添加一个设定格式的字幕，字幕默认播放时间为 4 秒。

单击"字幕"编辑窗口右侧的"字幕选项"按钮，会弹出"字幕选项"列表，如图 7-7 所示，主要用于对字幕进行分割、合并和调整持续时间等操作。

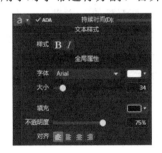

图 7-6　"文本样式"对话框

图 7-7　"字幕选项"列表项

2．操作字幕

操作字幕主要通过"字幕"选项卡完成，包括添加字幕、分割字幕、同步字幕、导入字幕、导出字幕、语音转字幕等。

（1）添加字幕。

在"字幕"选项卡中单击"添加字幕"按钮，打开"字幕"编辑窗口，在文本输入区域输入字幕文本，此时"字幕"选项卡中会自动显示出一条字幕，即完成了一条字幕的添加。

（2）选择字幕。

①利用"字幕"编辑窗口中的按钮选择字幕。

使用"字幕"编辑窗口的工具栏中"上一条字幕" ← 和"下一条字幕" → 两个按钮，改变当前选定的字幕。

②在轨道上选择字幕。

在轨道上通过双击也可以改变当前编辑的字幕。

③在"字幕"选项卡中选择字幕。

在"字幕"选项卡中单击字幕条即可选择字幕。

（3）分割字幕组。

利用时间轴左侧工具栏中的"分割"按钮可以对轨道上的字幕组进行分割：选定字幕组所在的轨道，将播放头滑块移动到需要分割字幕的位置，然后在时间轴左侧工具栏位置单击"分割"按钮，即可将字幕组予以分割，通过多次分割，就可将字幕组分割成多条字幕。

（4）移动字幕。

将鼠标移到字幕上，按住鼠标左键在轨道上左右拖曳即可改变字幕在轨道上的位置。如果是字幕组，则只能对整个字幕组在轨道上进行移动，如果是分割后的单条字幕，则可移动单条字幕在轨道上的位置。

（5）删除字幕。

媒体元素中添加的字幕在默认情况下是一个字幕组，删除字幕组的方法有两种：一是在轨道上选择某一个字幕组，单击右键，在弹出的快捷菜单中选择"删除"命令，即可删除字幕组；二是在"字幕"选项卡选中某一条字幕，单击右键，在弹出的快捷菜单中选择"删除所有字幕"命令，即可删除全部字幕。如果使用时间轴左侧工具栏的"分割"命令对轨道上的字幕组予以分割，可得到单独的一条字幕，然后在单独的一条字幕上单击右键，并在弹出的快捷菜单中选择"删除"命令，即可删除选定的一条字幕。

（6）合并字幕。

合并字幕的方法有两种：一是在"字幕"选项卡中选中某一条字幕，在其上单击右键，并在弹出的快捷菜单中选择"跟上一条字幕合并"命令，如图 7-8 所示，就会把选中的字幕与上一条字幕合并为一条字幕；二是在"字幕"编辑窗口中单击右上角的"字幕选项"按钮，在弹出的快捷菜单中选择"跟上一条字幕合并"或"跟下一条字幕合并"命令，可把两条字幕合二为一。

（7）导出字幕。

Camtasia Studio 视频中的字幕内容也可以导出为外部的字幕文件，导出字幕文件的格式包括 srt 和 smi 两种。选择字幕所在轨道，在"字幕"选项卡中单击"脚本选项"按钮，并在弹出的菜单中选择"导出字幕"命令，如图 7-9 所示。在弹出的"将字幕导出到文件"对话框中设置保存文件的名称和位置，然后单击"保存"按钮，即可将当前轨道上的字幕内容保存为字幕文件。

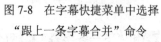

图 7-8　在字幕快捷菜单中选择
"跟上一条字幕合并"命令

图 7-9　在"脚本选项"按钮的下拉列表中
选择"导出字幕"命令

（8）导入字幕。

选择某一轨道并将播放头滑块定位于要添加字幕的位置，在"字幕"选项卡中单击"脚本选项"按钮，在弹出的快捷菜单中选择"导入字幕"命令，并在"从文件导入字幕"对话框中浏览并选择字幕文件，然后单击"打开"按钮，就会将字幕文件中的内容添加到时间轴的轨道上，同时"字幕"编辑窗口显示出字幕内容。

除了以上所述的操作字幕功能，Camtasia Studio 还提供了"同步字幕"和"语音转字幕"功能，但操作效果不够理想，这里不再进行介绍。

（9）调整字幕持续时间。

轨道上的每条字幕默认持续时间都为 4 秒，可在"首选项"对话框的"时间"选项卡中设置字幕的默认持续时间。

调整字幕持续时间的方法有 3 种：一是利用鼠标拖曳调整字幕持续时间，将鼠标移动到某条字幕的开始位置或结束位置，按住鼠标的左键左右拖曳来调整字幕的开始时间或结束时间，即可改变该条字幕的持续时间；二是通过在"字幕"编辑窗口拖曳工具栏中的持续时间右侧的水平滑块来改变持续时间，也可以在水平滑块右侧持续时间文本框中直接输入所需的持续时间；三是在"字幕"编辑窗口单击右侧的"字幕选项"按钮，在弹出的快捷菜单选择"延长持续时间"命令或者"缩短持续时间"命令即可改变字幕的持续时间。

3．编辑字幕内容

字幕编辑主要包括对编辑字幕文本进行选择、删除和分割的操作。

（1）选择与编辑字幕文本内容。

使字幕文本框进入编辑状态的方法有两种：一是在"字幕"选项卡中单击该条字幕的文本框，此时在"字幕"编辑窗口的该条字幕所在文本框中获得光标焦点；二是在轨道的某条字幕上双击"字幕"编辑窗口中该字幕文本即可获得光标焦点。当字幕文本框进入编辑状态时，即可对文本进行拖曳选择及修改。

（2）删除字幕文本内容。

删除字幕文本内容有 3 种方法：一是在"字幕"选项卡中选定某条字幕，在该条字幕上单击右键，并在弹出的快捷菜单中选择"清除字幕文本"命令，即可删除该条字幕的文本内容；二是在轨道上选择某条字幕后单击右键，在弹出的快捷菜单中选择"清除字幕文本"命令，即可删除该条字幕的文本内容，但字幕组中其他字幕片段的文本内容不受影响；三是在"字幕"编辑窗口中选取字幕文本内容，按"Delete"键，即可删除当前字幕内容。上述 3 种方法只是删除字幕文本内容，但该条字幕仍然存在。

（3）分割字幕内容。

①利用"字幕"编辑窗口中"分割当前字幕"命令进行字幕内容的分割。

在"字幕"编辑窗口中单击右侧的"字幕选项"按钮，并在弹出的快捷菜单中选择"分割当前字幕"命令，会产生当前正在被编辑字幕的一个副本，然后分别编辑原字幕、副本字幕的文本内容即可。

②利用"字幕"选项卡中"分割"按钮进行字幕内容分割。

当在"字幕"编辑窗口的文本输入区域中输入较多的字幕文本时，在"字幕"选项卡中只能显示当前字符格式下所能显示的文字数量，这时就需要把该条字幕分割为多条字幕。"字幕"编辑窗口的文本区域显示了字幕的全部文本内容（如果内容较多则右侧会出现垂直滚动条），其中高亮显示的部分文本为当前字符格式下一条字幕能显示的文本内容。在"字幕"选项卡会出现一个"分割"按钮，单击"分割"按钮则对字幕进行分割，高亮显示的部分内容被分割为一条字幕，其余的文本被移到下一条字幕，以此类推，即可完成字幕的分割。

4．生成视频过程确定字幕是否显示

视频编辑完成后，生成视频时字幕可以隐藏，也可以烧录。隐藏字幕是指在视频中不显示字幕，但不会删除字幕。烧录字幕是指字幕显示在视频中。字幕显示或隐藏的控制，在生成视频过程的"生成向导"→"Smart Player 选项"→"选项"中进行设置，如图 7-10 所示。

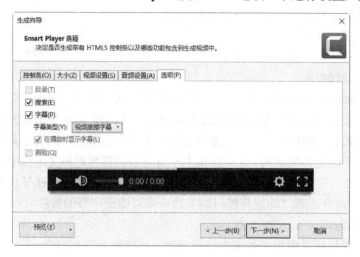

图 7-10　在"Smart Player 选项"界面的"选项"选项卡中设置字幕是否显示

在"选项"选项卡中勾选"字幕"复选框，在"字幕类型"右侧的下拉列表框中有"关闭字幕"、"烧录字幕"和"视频底部字幕"3 个选项，根据需要选择相应选项即可。

 【操作体验】

【任务 7-1】　为图片"云端天堂若尔盖"添加字幕

【任务描述】

（1）将 6 张若尔盖大草原图片导入媒体箱中。

（2）将媒体箱中的 6 张图片按顺序依次添加到时间轴的轨道 1 上。

（3）为 6 张图片添加必要的字幕，字幕内容如下：

有一个地方，可以卧花湖栈道，看鸥翔鹤舞，任云卷云舒

有一个地方，可以枕黄河涛声，观日落牧归，共水天一色

有一个地方，可以让时间静静地流淌

它把草原、湖泊、河流连缀成一体，让刚烈与温柔相济

草原上盛开着各种野花，还有各种野生动物栖息

这就是浪漫的若尔盖大草原，我们称它为"云端天堂"

（4）设置字幕格式：字体为微软雅黑、颜色为白色、大小为 32、不透明度为 0%、对齐设置为居中。每张图片的持续时长为 4 秒 29 帧。

（4）以"云端天堂若尔盖"为名称保存视频项目。

（5）生成与分享视频，要求生成的视频播放时显示字幕。

【任务实施】

（1）在 Camtasia Studio 编辑窗口中导入媒体。

选择"文件"→"新建项目"命令，新建一个项目，然后向媒体箱中导入 6 张若尔盖大

草原的图片。

（2）将图片添加到轨道 1 上。

按住鼠标左键分别将媒体箱中的 6 张图片按顺序拖曳到时间轴的轨道 1 上。

（3）添加字幕。

将指针拖曳到第 1 张图片的开始位置，单击"字幕"按钮，切换到"字幕"媒体箱。

在"字幕"选项卡下方单击"添加字幕"按钮，将字幕内容输入到文本框中，这里第 1 张图片的字幕内容为"有一个地方，可以卧花湖栈道，看鸥翔鹤舞，任云卷云舒"。

这时会自动添加"轨道 2"，且添加的字幕位于轨道 2 上，调整添加的字幕时长与显示图片的时长一致，这里设置时长为 4 秒 29 帧。

在字幕编辑区域，单击左侧的"字体属性"按钮 a ，弹出字体属性设置窗口，在该窗口中将字体设置为"微软雅黑"、文字颜色（填充）保持"白色"不变、大小为"32"、不透明度设置为"0%"、（透明）、对齐为"居中"，如图 7-11 所示。

在字幕编辑区域，单击"ADA 标准"按钮，显示已设置的字体属性，如图 7-12 所示。

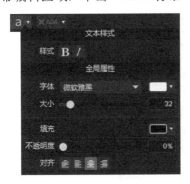

图 7-11　字体属性设置窗口

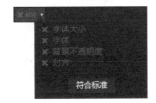

图 7-12　已设置的字体属性

字幕编辑区域如图 7-13 所示。

图 7-13　字幕编辑区域

第 1 张图片添加字幕后的效果如图 7-14 所示。

按照类似操作过程为第 2～第 6 张图片添加字幕，注意在轨道 2 上调整字幕的时长应与图片显示时长相同，第 1 张图片字幕的文本样式设置完成后，后面各张图片的"文本样式"会与第 1 张图片字幕设置的"文本样式"相同，不需要逐一重复设置字幕的文本样式。

6 张图片的字幕设置完成后，字幕选项卡的多段字幕如图 7-15 所示。

轨道 1 的图片和轨道 2 的字幕如图 7-16 所示。

图 7-14　第 1 张图片添加字幕后的效果

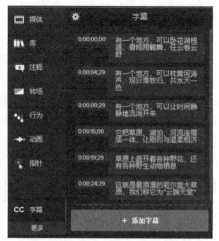

图 7-15　字幕选项卡的多段字幕

图 7-16　轨道 1 的图片和轨道 2 的字幕

（4）导出字幕。

单击"字幕"选项卡中左上角的"脚本选项"按钮，如图 7-17 所示。在弹出的下拉菜单中选择"导出字幕"命令，弹出"将字幕导出到文件"对话框，在该对话框中选择保存类型为"SubRip 字幕文件"，输入文件名"云端天堂若尔盖字幕"，然后单击"保存"按钮，即可将字幕内容导出为字幕文件。

图 7-17　在"脚本选项"下拉菜单中选择"导出字幕"命令

使用记事本打开字幕文件"云端天堂若尔盖字幕"，其内容与格式如图 7-18 所示。

（5）保存视频项目。

在 Camtasia Studio 编辑窗口中，单击"文件"菜单中的"保存"命令，打开"另存为"对话框，输入文件名"云端天堂若尔盖"，然后单击"保存"按钮即可。

（6）生成并分享视频。

单击"分享"按钮，打开其下拉菜单，从中选择生成与分享视频的方式，这里单击选择第 1 种方式"本地文件"。

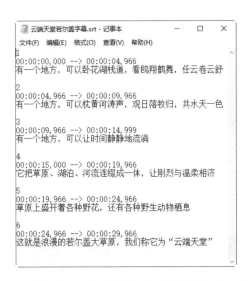

图 7-18　字幕文件"云端天堂若尔盖字幕内容"的内容与格式

打开"生成向导"窗口，如图 7-19 所示。在该界面的下拉列表框中选择"自定义生成设置"选项。

图 7-19　"生成向导"界面

然后，单击"下一步"按钮，打开"您想如何生成视频？"界面，在该界面选择生成的视频格式，这里选择"MP4-Smart Player(HTML5)"。

然后，单击"下一步"按钮，显示"Smart Player 选项"界面，该界面包括"控制条"、"大小"、"视频设置"、"音频设置"和"选项"5 个选项卡。单击切换到"选项"选项卡，在该选项卡中勾选"字幕"复选框及其下方的"在播放时显示字幕"复选框。

在"选项"选项卡中还可以设置不同的字幕类型，其下拉列表框如图 7-20 所示，字幕类型包括"关闭字幕"、"烧录字幕"和"视频底部字幕"3 种。这里选择"烧录字幕"选项。

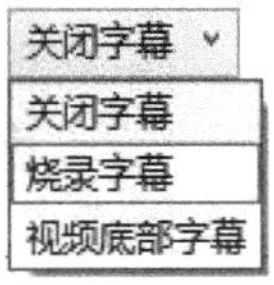

图 7-20　字幕类列表框

在"选项"选项卡中勾选"字幕"复选框和"烧录字幕",如图 7-21 所示。

图 7-21　在"Smart Player 选项"界面的"选项"选项卡中设置字幕类型

字幕选项设置完成后,单击"下一步"按钮,打开"视频选项"界面,该界面中包括"视频信息"、"报告"、"水印"和"HTML"等选项设置。

单击"下一步"按钮,打开"生成视频"界面,在该界面中设置输出视频文件的项目名称为"云端天堂若尔盖"、存放的文件夹"C:\教学素材\单元 7"等。

最后单击"完成"按钮,弹出"渲染项目"对话框,开始对视频进行渲染,并显示视频的渲染进度。视频渲染完成后,生成文件夹、视频文件及其他多个文件。同时显示"生成完成"界面,在该界面单击"完成"按钮,完成视频的生成操作。

添加字幕视频的播放状态如图 7-22 所示。

图 7-22　添加字幕的视频播放状态

【任务 7-2】　为图片添加动态字幕

【任务描述】

（1）将 3 张荷花图片"荷之恋"（图片 1）、"荷之梦"（图片 2）和"荷之韵"（图片 3）导入媒体箱中。

（2）将媒体箱中的 3 张图片按顺序添加到时间轴的轨道 1 上。

（3）使用"文字标注"注释的方式为 3 张图片添加字幕，分别为"荷之恋"、"荷之梦"和"荷之韵"。

（4）为图片 1 的字幕注释添加自定义动画，字幕从图片下方的左侧移动至右侧。

（5）将图片 1 字幕注释的动画复制后，粘贴到图片 2 中，并修改字幕移动方向为从右侧移至左侧。

（6）为图片 3 的字幕注释添加"滑动"行为效果。

【任务实施】

（1）在 Camtasia Studio 编辑窗口中导入媒体。

选择"文件"菜单中的"新建项目"命令，新建一个项目，然后向媒体箱中导入 3 张有关荷花的图片。

（2）将图片添加到轨道 1 上。

按住鼠标左键拖曳，分别将媒体箱中的 3 张图片按顺序添加到时间轴的轨道 1 上。

（3）调整画布中图片大小。

依次在轨道 1 中选择每一张图片，然后在预览窗口中单击右键，并在弹出的快捷菜单中选择"缩放到适合"命令。

（4）调整轨道上图片的播放时长。

将轨道 1 上 3 张图片的播放时长都调整为 5 秒。

（5）为第 1 张图片添加注释。

首先将播放头滑块定位于第 1 张图片的开始位置，然后选择"注释"命令，显示"注释"任务区域，默认显示"标注"类"基础"样式，如图 7-23 所示。

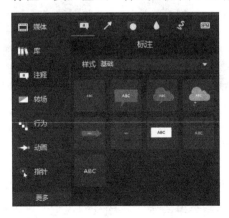

图 7-23　"注释"任务区域

在"标注"的"基础"样式列表中选择第 3 行第 1 列透明标注，按住鼠标左键拖曳到预览窗口画面的下方左侧位置，同时将标注注释自动添加到轨道 2 上。

在标注文本框中输入文字"荷之恋",单击标注框四周会出现 8 个空心圆句柄,用鼠标拖曳句柄可改变标注框的尺寸至合适大小。鼠标指针指向标注框,然后按住鼠标左键,上下或左右拖曳,可调整标注注释框至画布中下方的左侧位置。

在预览窗口画面的右下角单击"属性"按钮,打开"标注"属性窗口。先选择标注注释框,然后在"标注"属性窗口中将字体设置为"方正舒体"和"粗体"、大小为"64"、颜色为"#06AF8F",以及水平对齐方式和垂直对齐方式都为"居中",设置效果如图 7-24 所示。

第 1 张图片及标注注释如图 7-25 所示。

图 7-24　标注注释文字属性设置

图 7-25　第 1 张图片及标注注释

(6)为其他图片添加注释。

按照同样的方法为其他图片透明标注注释。在第 2 张图片中输入注释内容"荷之梦",调整该标注注释框至画布中下方的右侧位置,同时会自动添加到轨道 2 上。

在第 3 张图片中输入注释内容"荷之韵",调整该标注注释框至画布中下方的中部位置。

将标注注释的字体设置为"方正舒体"和"粗体"、大小为"64",水平和垂直对齐方式都为"居中"。

第 2 张图片及标注注释如图 7-26 所示,第 3 张图片及标注注释如图 7-27 所示。

图 7-26　第 2 张图片及标注注释

图 7-27　第 3 张图片及标注注释

(7)为第 1 张图片标注注释设置动画。

调整添加到图片标注注释的播放时长为 5 秒。

将播放头滑块定位于动画开始处(第 1 张图片的开始位置),在"动画"选项卡中选择"自定义"选项,并将其拖曳到轨道 2 第 1 张图片的文字注释上,调整动画的播放时长与所对应图片的播放时长相同,都为 5 秒。将播放头滑块定位于动画的起始点位置,将文字注释移至画布下方的左侧位置,再将播放头滑块定位在动画线束点位置(5 秒),把文字注释移到画布的下方的中部位置。这样播放此段动画时,即可实现动态字幕效果(字幕从下方的左侧移至中部位置）。

（8）为第 2 张图片标注注释设置动画。

在第 1 张图片标注注释的自定义动画上单击右键，并在弹出的快捷菜单中选择"复制"命令，然后选择第 2 张图片对应的标注注释框，将播放头滑块移到第 2 张图片的结束位置（动画结束位置），然后按组合键"Ctrl+V"或者在第 2 张图片对应的标注注释框位置单击右键，并在弹出的快捷菜单选择"粘贴"命令即可。

将播放头滑块定位于动画的起始点位置，将文字注释移至画布下方的右侧位置，再将播放头定位在动画线束点位置（10 秒），把文字注释移到画布下方的中部位置。这样播放此段动画时，即可实现动态字幕效果（字幕从下方的右侧移至中部位置）。

（9）为第 3 张图片标注注释设置行为效果。

在"行为"选项卡中，选择"滑动"选项拖曳到轨道 2 的第 3 张图片文字注释上，设置"滑动"行为效果的"进入"属性，如图 7-28 所示，即将类型设置为"文本-从左至右"、运动为"平滑"、方向为"左"、速度为"20%"。设置"滑动"行为效果"退出"属性如图 7-29 所示。

图 7-28　设置"滑动"行为效果的"进入"属性　　图 7-29　设置"滑动"行为效果的"退出"属性

在轨道上添加的图片、标注注释、动画和行为效果如图 7-30 所示。

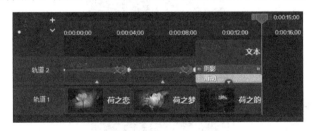

图 7-30　在轨道上添加的图片、标注注释、动画和行为效果

（10）以"荷花之美"名称保存视频项目。

（11）在预览窗口预览添加动态字幕的图片效果。

【任务 7-3】　为视频"神奇的湿地"添加字幕

【任务描述】

（1）将视频"神奇的湿地"导入媒体箱中。

（2）将媒体箱中的视频"神奇的湿地"添加到时间轴的轨道 1 上。

（3）视频"神奇的湿地"的播放时长为 1 分 22 秒 27 帧，通过导入字幕的方法为视频添加必要的字幕。

（4）设置所有字幕格式：字体为方正粗黑宋简体、颜色为白色、大小为 26、透明度为 0%、居中对齐。

（5）以"神奇的湿地"为名称保存视频项目。

（6）生成与分享视频，要求生成的视频播放时显示字幕。

【任务实施】

（1）在 Camtasia Studio 编辑窗口中导入媒体。

选择"文件"菜单的"新建项目"命令，新建一个项目，然后向媒体箱中导入视频"神奇的湿地"。

（2）将视频添加到轨道 1 上。

按住鼠标左键拖曳，将媒体箱中的视频"神奇的湿地"添加到时间轴的轨道 1 上。

（3）切换到"字幕"选项卡。

将播放头滑块拖曳到视频"神奇的湿地"的开始位置，并单击"字幕"按钮，切换到"字幕"选项卡。

（4）导入字幕。

在"字幕"选项卡中单击"脚本选项"按钮，在下拉列表中选择"导入字幕"命令，打开"从文件导入字幕"对话框中，在该对话框中选择字幕文件"神奇的湿地字幕"，然后单击"打开"按钮，该字幕文件中的文本内容就添加到轨道 2 上了，同时"字幕"选项卡会显示出全部的字幕内容。

将播放头滑块移到轨道 2 左侧"空白字幕"位置，在字幕编辑区域，单击左侧的"字体属性"按钮 a ，弹出字体属性设置窗口，在该窗口中将字体设置为"方正粗黑宋简体"、文字颜色保持"白色"不变、大小为"26"、不透明度为"0%"（透明）、对齐设置为"居中"。

导入的字幕设置完成，字幕选项卡的多段字幕如图 7-31 所示。

图 7-31　字幕选项卡的多段字幕

轨道 1 上的视频和轨道 2 上的字幕如图 7-32 所示。

图 7-32 轨道 1 上的视频和轨道 2 上的字幕

（5）保存视频项目。

选择"文件"菜单的"保存"命令，打开"另存为"对话框，输入文件名"神奇的湿地（导入字幕）"，然后单击"保存"按钮即可。

（6）生成并分享视频。

单击"分享"按钮，在其下拉菜单中选择第 1 种方式"本地文件"选项，弹出"生成向导"界面，然后按提示进行操作即可生成视频。

 【应用实战】

【任务 7-4】 为图片"新疆天山天池"添加字幕

【任务描述】

（1）将 11 张新疆天山天池美景图片导入媒体箱中。

（2）将媒体箱中的 11 张图片按顺序添加到时间轴的轨道 1 上。

（3）使用"文字标注"注释的方式为 11 张图片添加必要的字幕，各张图片中添加的字幕内容、文本颜色、字幕排列方式如表 7-1 所示。

表 7-1 各张图片中添加的字幕内容、文本颜色和字幕排列方式

图 片 序 号	字 幕 内 容	文 本 颜 色	字幕排列方式
1	一池碧水入画来	#FFFFFF	左下角横排
2	松涛声声池畔美	#FFFFFF	左下角横排
3	天山仙境逍遥游	#FFFFFF	右下角横排
4	雪峰高耸入云霄	#FFFFFF	中部下边横排
5	波光十里碧玉池	#FFFFFF	右下角横排
6	湖畔黄花映眼帘	#FFFFFF	左侧竖排
7	冰雪世界亦灿然	#425CFB	右下角横排
8	积雪灵峰一色白	#FFFFFF	右下角横排
9	冬来素韵启嘉祥	#FF2DC6	右侧竖排
10	古木萧萧皆墨色	#425CFB	右下角横排
11	雪峰不语有知音	#FFFFFF	左侧竖排

部分图片的注释文字可以位于画面下方左侧，如图 7-33 所示。

图 7-33 位于画面下方左侧的横排注释文字

部分图片的注释文字可以位于画面下方中部，如图 7-34 所示。

图 7-34 位于画面下方中部的横排注释文字

部分图片的注释文字可以位于画面下方右侧，如图 7-35 所示。

图 7-35 位于画面下方右侧的横排注释文字

部分图片的注释文字可以为竖向排列，如图 7-36 所示。

图 7-36　位于画面上方左侧的竖排注释文字

（4）将各张图片中字幕对应的标注注释的字体设置为"微软雅黑"和"粗体"、大小为"60"，水平对齐方式为"居中"，垂直对齐方式为"居中"。

颜色应合理设置，与图片背景的对比效果好，可以设置为白色、黑色、蓝色、绿色或红色等。

（5）以"新疆天山天池美景"为名称保存视频项目。

（6）生成与分享视频，要求生成的视频播放时显示字幕。

【任务实施】

（1）在 Camtasia Studio 编辑窗口中导入媒体。

选择"文件"菜单的"新建项目"命令，新建一个项目，然后向媒体箱中导入 11 张新疆天山天池美景图片。

（2）将图片添加到轨道 1 上。

按住鼠标左键拖曳，分别将媒体箱中的 11 张图片按顺序添加到时间轴的轨道 1 上。依次在轨道 1 中选择每一张图片，然后在预览窗口单击右键，并在弹出的快捷菜单中选择"缩放到适合"命令。

（3）为各张图片添加注释。

选择"注释"选项卡选项，显示"注释"任务区域，默认显示"标注"类"基础"样式，在其中选择第 3 行第 1 列透明标注，按住鼠标左键拖曳到预览窗口画面的下方左侧位置，在标注文本框中输入文字"一池碧水入画来"，单击标注框四周会出现 8 个空心圆句柄，用鼠标拖曳句柄可改变标注框的尺寸至合适大小。鼠标指针指向标注框，然后按住鼠标左键，上下或左右拖曳，调整标注框至合适位置。

在预览窗口画面右下角单击"属性"按钮，打开"标注"属性窗口。先选择标注框，然后在标注属性窗口设置字体为"微软雅黑"和"粗体"，大小为"60"，颜色为"白色"，对齐方式为"居中"，其设置效果如图 7-37 所示。

按照类似方法，为其他 10 张图片添加注释，可灵活设置注释的位置、文字方向、文字颜色。注释文字的字体设置为"微软雅黑"、大小为"60"，对齐方式为"居中"。文字颜色可根据图片背景灵活设置。

图 7-37　设置标注注释文字的属性

（4）预览媒体。

将播放头滑块拖曳到轨道的开始位置，单击"播放"按钮，在预览窗口中浏览各张图片及注释效果。

（5）保存项目名称。

选择"文件"菜单中的"保存"命令，打开"另存为"对话框，输入文件名为"新疆天山天池美景"，然后单击"保存"按钮即可。

（6）生成并分享视频。

单击"分享"按钮，在其下拉菜单中选择第 1 种方式"本地文件"，打开"生成向导"界面，然后按提示进行操作即可生成视频。

【任务 7-5】　为视频"乌伦古湖的鸟儿快乐飞翔"添加字幕

【任务描述】

（1）将视频"乌伦古湖的鸟儿快乐飞翔"导入媒体箱中。

（2）将媒体箱中的视频"乌伦古湖的鸟儿快乐飞翔"添加到时间轴的轨道 1 上。

（3）视频"乌伦古湖的鸟儿快乐飞翔"的播放时长为 59 秒 27 帧，为视频添加必要的字幕，字幕内容如表 7-2 所示。

表7-2　视频"乌伦古湖的鸟儿快乐飞翔"中的字段内容与持续时间

字 幕 序 号	字 幕 内 容	持续时间（s）
1	春暖大地，冰雪初融	2
2	乌伦古湖的春天又来了	3
3	成群的鸟儿，时而在水中觅食	2
4	时而在水中浮游着、嬉戏着	1.8
5	时而在水中喧嚣着、忙碌着	2.2
6	突然一只鸟儿扇动翅膀飞离水面	1.5
7	紧接着第二只、第三只飞了起来	1.5
8	众多的鸟儿竞相踏着水花冲向空中	2
9	朝同一个方向飞去	1.5

续表

字 幕 序 号	字 幕 内 容	持续时间（s）
10	它们时而三五争飞	2
11	时而集体当空起舞	2
12	在广阔的湖面上自由地飞旋翱翔	2.5
13	有列队表演的阵容	2
14	又有顽皮地炫耀着羽衣的美丽	2
15	波澜微起的湖面与众多的飞鸟构成一幅幅动人的图景	2
16	飞鸟到达目的地后停止扇动翅膀，双脚落地	5.8
17	湛蓝的天空下，高贵的天鹅优雅地变换着队形	3
18	犹如千变万化的彩云	3
19	伴以各种明快地鸣叫	3
20	奏响了一曲炫丽壮观的生命交响乐	2
21	湖面倒映着它们的身姿，它们在不远处停了下来	3.2
22	远处不时还有一队一队的大雁从天空中飞过	4
23	并不断发出天籁般高亢而嘹亮的鸣叫声	3.2
24	一次次的起飞、降落	1.2
25	仿佛在进行着集体飞行演练	1.5

（4）设置所有字幕格式：字体为方正粗黑宋简体、颜色为白色、大小为 28、透明度为 0%、对齐方式为居中。

（5）以"添加与编辑乌伦古湖的鸟儿快乐飞翔字幕"为名称保存视频项目。

（6）生成与分享视频，要求生成的视频播放时显示字幕。

【任务实施】

（1）在 Camtasia Studio 编辑窗口中导入媒体。

选择"文件"菜单中的"新建项目"命令，新建一个项目，将视频"乌伦古湖的鸟儿快乐飞翔"导入媒体箱中。

（2）将视频添加到轨道 1 上。

按住鼠标左键拖曳，将媒体箱中的视频"乌伦古湖的鸟儿快乐飞翔"添加到时间轴的轨道 1 上。

（3）添加字幕。

按住鼠标左键将播放头滑块拖曳到视频"乌伦古湖的鸟儿快乐飞翔"的开始位置，单击"字幕"按钮，切换到"字幕"选项卡。

在"字幕"选项卡下方单击"添加字幕"按钮，并在字幕输入文本框中输入"春暖大地，冰雪初融"。

这时会自动添加"轨道 2"，并且添加的字幕位于轨道 2 上，在字幕编辑区域，单击左侧的"字体属性"按钮 ，弹出字体属性设置窗口，在该窗口中将字体设置为"方正粗黑宋简体"、颜色保持"白色"不变、大小设置为"28"、不透明度设置为"0%"（透明），对齐方式设置为"居中"，如图 7-38 所示。

图 7-38　字体属性设置窗口

在字幕编辑区域，单击"ADA"按钮，显示已设置的字体属性。设置第一条字幕的持续时间为"2s"，字幕编辑区域如图 7-39 所示。

图 7-39　字幕编辑区域

第 1 段视频添加字幕后的效果如图 7-40 所示。

图 7-40　第 1 段视频添加字幕后的效果

按照类似操作过程为后面的第 2～第 25 段视频片段添加字幕，注意在轨道 2 上调整各条字幕的时长，第 1 条字幕的文本样式设置完成后，后面各条字幕的"文本样式"与第 1 条字幕设置的文本样式相同，不需要逐一重复设置字幕的文本样式。

设置完成 25 条字幕后，字幕选项卡的多段字幕效果如图 7-41 所示。

图 7-41　字幕选项卡的多段字幕

轨道 1 上的视频和轨道 2 上的字幕如图 7-42 所示。

图 7-42　轨道 1 上的视频和轨道 2 上的字幕

（4）导出字幕。

在"字幕"选项卡中单击左上角的"脚本选项"按钮，并在弹出的下拉菜单中选择"导出字幕"命令，弹出"将字幕导出到文件"对话框，在该对话框中选择保存类型为"SubRip字幕文件"，输入文件名"乌伦古湖的鸟儿快乐飞翔字幕"，然后单击"保存"按钮，即可将字幕内容导出为字幕文件。

使用记事本打开字幕文件"乌伦古湖的鸟儿快乐飞翔字幕"，其内容与格式如图 7-43所示。

图 7-43　字幕文件"乌伦古湖的鸟儿快乐飞翔字幕"的内容与格式

（5）保存视频项目。

选择"文件"菜单中的"保存"命令，打开"另存为"对话框，输入文件名"添加与编辑乌伦古湖的鸟儿快乐飞翔字幕"，然后单击"保存"按钮即可。

（6）生成并分享视频。

单击"分享"按钮，打开其下拉菜单，从下拉菜单中选择生成与分享视频的方式，这里单击选择第 1 种方式"本地文件"。

打开"生成向导"之"欢迎来到 Camtasia 生成向导"界面，在该界面的下拉列表框中选择"自定义生成设置"选项。

然后，单击"下一步"按钮，打开"您想如何生成视频？"界面，在该界面选择生成的视频格式，这里选择"MP4-Smart Player(HTML5)"选项。

然后，单击"下一步"按钮，显示"Smart Player 选项"界面，该界面包括"控制条"、"大小"、"视频设置"、"音频设置"和"选项"5 个选项卡。单击切换到"选项"选项卡，在该选项卡中勾选"字幕"和"在播放时显示字幕"复选框。

在"选项"选项卡中还可以设置不同的字幕类型，其下拉列表框包括"关闭字幕"、"烧录字幕"和"视频底部字幕"。这里选择"视频底部字幕"选项，如图 7-44 所示。

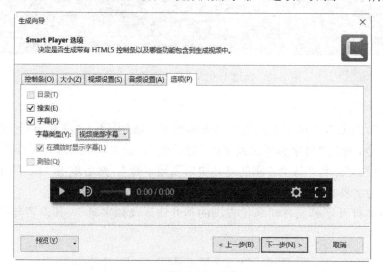

图 7-44　在"Smart Player 选项"界面的"选项"选项卡中设置字幕类型

字幕选项设置完成后，单击"下一步"按钮，打开"视频选项"界面，该界面中包括"视频信息"、"报告"、"水印"和"HTML"等选项设置。

单击"下一步"按钮，打开"生成视频"界面，在该界面中设置输出视频文件的项目名称为"乌伦古湖的鸟儿快乐飞翔"、存放文件夹于"C:\教学素材\单元 7"等。

单击"完成"按钮，弹出"渲染项目"对话框，Camtasia Studio 开始对视频进行渲染，并显示视频的渲染进度。视频渲染完成后，生成文件夹、视频文件及其他多个文件。同时显示"生成完成"界面，在该界面单击"完成"按钮，完成视频的生成操作。

添加字幕的视频播放状态如图 7-45 所示。

图 7-45　添加字幕的视频播放状态

【自主训练】

【任务 7-6】　为"辽宁丹东绿江村"美景图片添加字幕

【任务描述】

（1）将 6 张辽宁丹东绿江村图片导入媒体箱中。

（2）将媒体箱中的 6 张图片按顺序添加到时间轴的轨道 1 上。

（3）为 6 张图片添加必要的字幕，其内容如下：大美绿江、山河如画、如入仙境、自然天成、山奇水秀、宁静祥和。

（4）设置所有字幕格式：字体为微软雅黑、颜色为白色、大小为 32、透明度为 0%、对齐方式为居中。每张图片的持续时长为 5 秒。

（5）以"辽宁丹东绿江村"为名称保存视频项目。

（6）生成与分享视频，要求生成的视频播放时显示字幕。

【任务 7-7】　为视频"张家界美景"添加字幕

【任务描述】

（1）将视频"张家界美景"导入媒体箱中。

（2）将媒体箱中的视频"张家界美景"添加到时间轴的轨道 1 上。

（3）为视频"张家界美景"添加必要的字幕，其内容如下：

- 这里以神奇独特的地质外貌、秀美的自然风景令人瞩目；
- 这里集神奇、钟秀、雄浑、原始、清新于一体，以岩称奇；
- 这里奇峰陡峭嵯峨，千姿百态，或孤峰独秀，或群峰相依；
- 这里一峰壁立，宛若刀削斧劈，造型完美，形神兼备；
- 这里云雾缭绕、山中有雾、雾中有树、树中有露，仿佛置身于一幅水墨晕染的画面里；
- 这里在夕阳照射下，群峰熠熠闪光、笼罩在片片金色里；
- 这里因其深远博大的文化内涵、异彩纷呈的人文胜迹闻名遐迩；
- 这里被尊为张家界的文化之魂、精神之魂；
- 这里是张家界最具代表性的自然景观，有着湘西第一神山的美誉。

（4）设置所有字幕格式：字体为方正粗黑宋简体、颜色为白色、大小为 56、透明度为 0%、对齐方式为居中。

（5）以"张家界美景"为名称保存视频项目。

（6）生成与分享视频，要求生成的视频播放时显示字幕。

单元 8 添加与设置视觉效果

添加到画布上（时间轴的轨道上）的媒体元素，可以为其添加并设置多种视觉效果，Camtasia Studio 提供了阴影、边框、着色、颜色调整、删除颜色、设备框架、剪辑速度和交互功能/热点 8 种视觉效果。

【知识梳理】

1. 为媒体元素添加视觉效果的方法

在 Camtasia Studio 中为媒体元素添加视觉效果的方法有两种。

（1）运用画布上媒体元素的快捷菜单。

在画布的某个媒体元素上单击右键，并在弹出的快捷菜单中选择"添加视觉效果"命令，该菜单中包括"阴影"、"边框"、"着色"、"颜色调整"、"删除颜色"、"设备帧"、"剪辑速度"和"交互功能/热点"子菜单项，如图 8-1 所示。单击某个子菜单项，"属性"面板就会自动打开对应的"效果"面板。

图 8-1 画布中媒体元素的快捷菜单

（2）运用"视觉"效果选项卡。

Camtasia Studio 编辑窗口左侧有多个选项卡，单击"视觉"按钮，切换到"视觉"效果选项卡，如图 8-2 所示。该选项卡中包括"阴影"、"边框"、"着色"、"颜色调整"、"删除颜色"、"设备框架"、"剪辑速度"和"交互功能/热点"8 种视觉效果，这些选项的功能与媒体元素的快捷菜单"添加视觉效果"相同。只是"视觉"效果选项卡中的视觉效果应用于媒体元素的方法是从"视觉"效果选项卡中选定某个效果，使用鼠标拖曳的方法将该效果拖曳到画布或轨道上某个媒体元素，然后通过"效果"面板设置效果参数即可。

2．认知"效果"面板

（1）"阴影"效果面板。

"阴影"效果面板用于设置媒体元素的阴影效果，如图 8-3 所示。阴影属性设置包括"角度"、"颜色"、"偏移"、"不透明度"、"模糊"、"淡入"、"淡出"等方面。

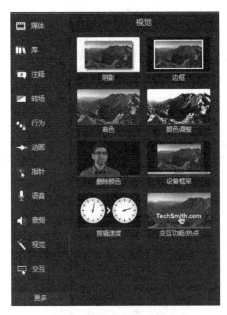

图 8-2　"视觉"效果选项卡

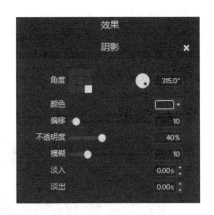

图 8-3　"阴影"效果面板

"角度"右侧有 9 个小方格，单击其中的一个小方格，表示画布上所选媒体元素的阴影会出现在该位置；单击 9 个小方格右侧的旋转按钮，会改变阴影在平面上 360°的显示位置，也可以在旋转按钮后面的文本框中直接输入旋转的角度值；单击"颜色"右侧的颜色下拉列表框，打开"颜色"面板，从中选取阴影的颜色即可；使用鼠标拖曳"偏移"右侧的水平滑块，可调整阴影与媒体元素的偏移距离；使用鼠标拖曳"不透明度"右侧的水平滑块，可调整阴影的透明程度；使用鼠标拖曳"模糊"右侧的水平滑块，可调整阴影的模糊程度；在"淡入"或"淡出"右侧的滚动文本框中输入或调整时间数值，可设置阴影的效果。

（2）"边框"效果面板。

"边框"效果面板用于设置媒体元素的边框效果，其中包括对"颜色"、"厚度"参数的设置，如图 8-4 所示。

（3）"着色"效果面板。

"着色"效果面板用来设置所选媒体元素的某种单一颜色的着色情况，包括"颜色"、"量"、"淡入"和"淡出"等参数设置，如图 8-5 所示。

图 8-4　"边框"效果面板

图 8-5　"着色"效果面板

（4）"颜色调整"效果面板。

"颜色调整"效果面板用来设置所选媒体的"亮度"、"对比度"、"饱和度"、"淡入"和"淡出"的效果，如图 8-6 所示。

在画布中选择某个媒体元素，并通过在"颜色调整"效果面板中调整"饱和度"的数值来改变媒体元素的颜色（取值范围为-100～100，-100 表示只有黑白颜色，100 表示媒体元素的原始颜色；使用鼠标拖曳"对比度"后面的水平滑块，可调节颜色的对比度（如饱和度的数值设置为-100 时，可调整黑、白两种颜色的对比程度）；使用鼠标拖曳"亮度"后面的水平滑块，可调节媒体元素的亮度；淡入和淡出是用来设置这种效果的淡入时间和淡出时间的长度。

（5）"删除颜色"效果面板。

"删除颜色"效果面板用来设置把所选媒体的某个颜色删除及参数删除的设置，包括"颜色"、"可接受范围"、"柔软度"、"色相"、"边缘修正"等参数，如图 8-7 所示。使用鼠标拖曳"可接受范围"后面的水平滑块，可调整删除颜色的范围大小；使用鼠标拖曳"柔软度"后面的水平滑块，可调整删除颜色的边缘柔和效果；使用鼠标拖曳"边缘修正"后面水平滑块，可调整删除颜色边缘的修正值等。

图 8-6 "颜色调整"效果面板

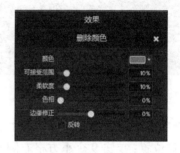

图 8-7 "删除颜色"效果面板

（6）"设备框架"效果面板。

"设备框架"效果面板用来设置媒体元素使用什么样的设备外观来显示媒体元素，设备外观包括 Desktop（计算机桌面）、iPhone（苹果手机）、MackBook Pro（平板电脑）、Google Pixel（谷歌手机）4 种，如图 8-8 所示。

（7）剪辑速度效果面板。

"剪辑速度"效果面板用来设置媒体元素的播放速度和持续时间。"速度"后面文本框中的数值越大，表示单位时间内播放的帧数越多；数值越小，表示单位时间内播放的帧数越少。"持续时间"用来设置媒体元素播放的时间长短，可设置的时间单位是分、秒、帧，"剪辑速度"效果面板如图 8-9 所示。

图 8-8 "设备框架"效果面板

图 8-9 "剪辑速度"效果面板

3．管理媒体元素的视觉效果

添加到画布上（时间轴的轨道上）的媒体元素，如果添加了某种视觉效果，则该媒体元素所在轨道上会自动添加"效果条"。时间轴上的媒体元素添加了多种视觉效果如图 8-10 所示，单击轨道 1 中媒体元素下方中部的"显示/隐藏效果"切换按钮，会显示或隐藏该媒体元素上所添加的效果条。

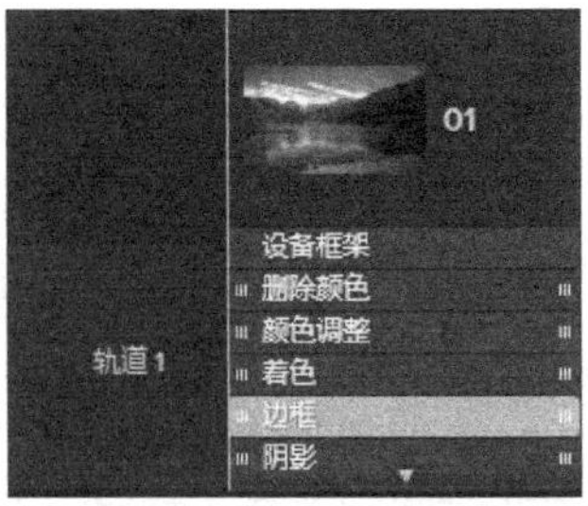

媒体元素上的视觉效果可以通过画布上的快捷菜单进行管理，也可以通过时间轴轨道上的快捷菜单进行管理。

（1）通过画布管理视觉效果。

图 8-10　时间轴上的媒体元素
添加了多种视觉效果

在画布上选定某个添加了视觉效果的媒体元素，在其上单击右键，并在弹出的快捷菜单中选择"复制效果"命令，如图 8-11 所示。然后在画布选择另外一个（或多个）媒体元素并在其上单击右键，在弹出的快捷菜单中选择"粘贴效果"命令，如图 8-12 所示。该操作会将原媒体元素上的所有效果一次性粘贴到新的媒体元素上。

图 8-11　在快捷菜单中选择"复制效果"命令 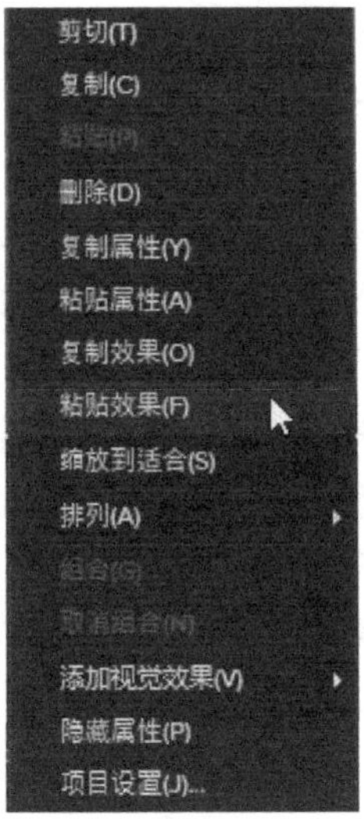　　图 8-12　在快捷菜单中选择"粘贴效果"命令

（2）通过时间轴管理视觉效果。

图 8-13　在"效果条"的快捷菜单中选择"复制所选效果"命令

在时间轴的轨道上选定添加了效果的媒体元素所在的轨道，单击该媒体元素所占轨道下方的"显示/隐藏效果"切换按钮，打开所有"效果条"，选定某个（或几个）"效果条"（选定的效果条为黄色，未选定的效果条为绿色）并在其上单击右键，在弹出的快捷菜单中选择"复制所选效果"命令，如图 8-13 所示。然后在时间轴的轨道上选另一个媒体元素并在其上单击右键，在弹出的快捷菜单中选择"粘贴效果"命令，则所选的效果就会应用到其他的媒体元素上，一般应用此方法来将一个效果应用到其他的媒体元素上。

如果要删除媒体的一个效果，可以在轨道上选定该媒体的"效果条"，然后单击右键，在弹出的快捷菜单中选择"删除"命令即可。如果要删除该媒体的全部效果，则需要选中该媒体元素的所有"效果条"，然后单击右键，在弹出的快捷菜单中选择"删除"命令即可。

（3）控制视觉效果的播放。

媒体元素的每一个"效果条"，其播放起始时间、终止时间、播放时间长度都是可以调整的。调整的方法是把鼠标移动到"效果条"的开始处或结束处，按下鼠标左键向右或向左拖曳，可以调整其播放的起始时间、终止时间，改变它在时间轴轨道上的播放位置。

（4）重新编辑视觉效果。

添加到媒体元素上的视觉效果，如果需要进一步对其参数进行重新编辑，只需用鼠标单击在时间轴轨道上媒体元素的"效果条"，然后在"属性"面板中会自动打开相应的视觉效果面板，重新设置其视觉效果的参数即可。

 【操作体验】

【任务 8-1】　设置与管理图片的视觉效果

【任务描述】

（1）创建 Camtasia Studio 项目"设置与管理图片的视觉效果"，将图片 01 和图片 02 导入媒体箱中。

（2）为图片 01 设置边框视觉效果（颜色为白色、厚度为 3）。

（3）为图片 01 设置着色视觉效果（颜色为#632289、着色量为 90%、淡入为 3 秒，淡出为 2 秒）。

（4）为图片 01 设置颜色调整视觉效果（亮度为 60、对比度为 200、饱和度为-100、淡入为 3 秒、淡出为 2 秒）。

（5）设置图片 01 的播放时间长度为 35 秒；设置"边框"视觉效果的起始播放时间为 5 秒、终止播放时间为 10 秒；设置"着色"视觉效果的起始播放时间为 10 秒、终止播放时间为 20 秒；设置"颜色调整"视觉效果的起始播放时间为 20 秒、终止播放时间为 30 秒。

（6）通过"复制效果"和"粘贴效果"命令，将图片 01 设置的边框视觉效果一次性粘贴到图片 02 上。

（7）预览图片 01 和图片 02，观察设置的视觉效果及其起始时间、终止时间和播放时长。

【任务实施】

（1）向 Camtasia Studio 编辑窗口中导入媒体。

创建 Camtasia Studio 项目，并以"设置与管理图片的视觉效果"为名称进行保存，然后向媒体箱中导入图片 01 和图片 02。

（2）将两张图片添加到画布上。

在媒体箱中选择图片 01 和图片 02，然后按住左键分别拖曳到画布上，此时图片 01 位于时间轴轨道 1 的播放头滑块位置，图片 02 位于时间轴轨道 2 的播放头滑块位置，调整两张图片的播放时间均为 5 秒。

适度缩小图片 01 和图片 02 的尺寸，并调整其位置，使图片 01 位于画布的左上角，图片 02 位于画布的右下角。

（3）设置图片 01 的边框视觉效果。

在画布的图片 01 上单击右键，并在弹出的快捷菜单中选择"添加视觉效果"菜单的子菜单项"边框"命令，此时会打开对应的"边框"效果面板。

在"边框"效果面板中设置边框的"颜色"为"白色（#FFFFFF）"、"厚度"为"3"。

（4）设置图片 01 的着色视觉效果。

在画布的图片 01 上单击右键，并在弹出的快捷菜单中选择"添加视觉效果"菜单的子菜单项"着色"命令，此时会打开对应的"着色"效果面板。

在"着色"效果面板中设置"颜色"为"#632289"、"量"为"90%"、"淡入"为"3.00s"、"淡出"为"2.00s"。

（5）设置图片 01 的颜色调整视觉效果。

在画布的图片 01 上单击右键，并在弹出的快捷菜单中选择"添加视觉效果"菜单的子菜单项"颜色调整"命令，此时会打开对应的"颜色调整"效果面板。

在"颜色调整"效果面板中设置"亮度"为"60"、"对比度"为"200"、"饱和度"为"-100"、"淡入"为"3.00s"、"淡出"为"2.00s"。

（6）显示"效果条"。

在轨道 1 上单击"显示/隐藏效果"切换按钮，显示"效果条"，其中包括边框效果、着色效果和颜色调整效果。

（7）调整图片和各个视觉效果的起始时间、终止时间和播放时长。

先将鼠标移动到图片 01 的结束位置，并按下鼠标左键向右拖曳，调整图片 01 的播放时间长度为 35 秒。

再把鼠标移动到"边框"效果条的开始位置并按下鼠标左键向右拖曳，使其从 5 秒处开始播放；再把鼠标移动到"边框"效果条的结束位置并按下鼠标左键向右拖曳，使其在 10 秒处结束播放。

然后把鼠标移动到"着色"效果条的开始位置并按下鼠标左键向右拖曳，使其从 10 秒处开始播放；再把鼠标移动到"着色"效果条的结束位置并按下鼠标左键向右拖曳，使其在 20 秒处结束播放。

接着把鼠标移动到"颜色调整"效果条的开始位置并按下鼠标左键向右拖曳，使其从 20 秒处开始播放；再把鼠标移动到"颜色调整"效果条的结束位置并按下鼠标左键向右拖曳，使其在 30 秒处结束播放。图片和各个视觉效果的起始时间、终止时间、播放时长调整结果如图 8-14 所示。

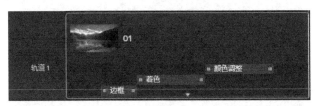

图 8-14　图片和各个视觉效果的起始时间、终止时间、播放时长的调整结果

（8）使用"复制效果"和"粘贴效果"命令设置图片 02 的视觉效果。

在画布上选定图片 01，并在其上单击右键，在弹出快捷菜单中选择"复制效果"命令，如图 8-15 所示。然后选择图片 02，并在其上单击右键，在弹出的快捷菜单中选择"粘贴效果"命令，此时图片 02 设置了与图片 01 完全相同的视觉效果，画布的两张图片如图 8-16 所示。在时间轴上设置相同视觉效果的两张图片如图 8-17 所示。

图 8-15　在媒体元素的快捷菜单中选择"复制效果"命令

图 8-16　使用"复制效果"和"粘贴效果"命令设置图片 02 的视觉效果

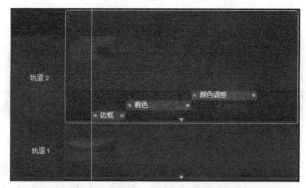

图 8-17　在时间轴上设置相同视觉效果的两张图片

在"文件"菜单中选择"保存"命令，对项目进行保存。

（9）预览图片及其设置的视觉效果。

将播放头滑块移到时间轴的 0 秒位置，然后单击"播放"按钮，在预览窗口预览图片的视觉效果。

（10）生成并分享视频。

单击"分享"按钮，在其下拉菜单中选择第 1 种方式"本地文件"，打开"生成向导"界面，然后按提示进行操作即可生成视频。

 【应用实战】

【任务 8-2】　**为多张"新疆天山天池美景"图片设置视觉效果**

【任务描述】

创建 Camtasia Studio 项目"设置新疆天山天池美景图片的视觉效果"，为 6 张新疆天山天池美景图片设置视觉效果。

（1）为第 1 张图片设置阴影视觉效果。

要求设置角度为 315.0°、颜色为灰色、偏移为 15、不透明度为 80%、模糊为 20、淡入为 1.00s 和淡出为 1.00s。

（2）为第 2 张图片设置边框视觉效果。

要求设置边框颜色为灰色、厚度为 8。

（3）为第 3 张图片设置着色视觉效果。

要求设置着色颜色为绿色、量为 100%、淡入为 20.00s、淡出为 10.00s。

（4）为第 4 张图片设置颜色调整视觉效果。

要求设置颜色调整亮度为 80、对比度为 260、饱和度为-100、淡入为 1.00s 和淡出设为 1.00s。

（5）为第 5 张图片设置删除颜色视觉效果。

要求设置颜色为黄色，即删除橘黄色（其值为#FF8000）、可接受范围为 34%、柔软度为 10%、色相为 19% 和边缘修正为 5%。

（6）为第 6 张图片设置设备框架视觉效果。

要求设置设备框架为 MacBook Pro，即选择平板电脑显示图片。

【任务实施】

（1）在 Camtasia Studio 编辑窗口中导入媒体。

创建 Camtasia Studio 项目，并以"设置图片的视觉效果"为名称予以保存，然后将 6 张新疆天山天池美景的图片。

（2）将多张图片添加到轨道上。

在媒体箱中单击图片，然后按住鼠标左键依次将 6 张新疆天山天池美景图片都拖曳到轨道 1 上。

（3）切换到"视觉"选项卡。

单击"视觉"按钮，切换到"视觉"效果选项卡。

（4）为轨道 1 上的第 1 张图片设置阴影视觉效果。

在"视觉"选项卡中单击"阴影"按钮，然后按住鼠标左键拖曳到轨道 1 的第 1 张图片位置，为第 1 张图片添加阴影效果。在轨道 1 的图片中单击"显示效果"按钮，即可在图片中显示"阴影"效果条，如图 8-18 所示。

在轨道 1 上选择第 1 张图片，然后在预览窗口中选择该图片，该图片四周出现 8 个空心控制句柄，将鼠标移动到图片左右两边的控制句柄上，按住鼠标左键拖曳控制句柄适度减少图片宽度，然后将鼠标移动到图片上下两边的控制句柄上，按住鼠标左键拖曳控制句柄适度减少图片高度，图片尺寸调整完成后，图片的尺寸会小于预览窗口画布的尺寸。

在轨道 1 中单击选择第 1 张图片阴影效果条，在打开的"阴影"效果面板中设置阴影参数，设置角度为"315.0°"、颜色为"灰色"、偏移为"15"、不透明度为"80%"、模糊为"20"、淡入为"1.00s"、淡出为"1.00s"，阴影参数设置结果如图 8-19 所示。

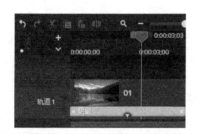

图 8-18　为第 1 张图片添加了阴影效果条　　　图 8-19　在"阴影"效果属性面板中设置阴影参数

用鼠标将播放头滑块拖曳到轨道上第 1 张图片的开始位置，单击"播放"按钮，在预览窗口中浏览图片及其阴影效果，如图 8-20 所示。每张图片的默认播放时间均为 5 秒。

图 8-20　预览设置阴影效果的图片

单击"文件"菜单的"保存"命令，打开"另存为"对话框，输入文件名"设置图片的视觉效果"，然后单击"保存"按钮即可。

（5）为轨道 1 上的第 2 张图片设置边框视觉效果。

在"视觉"选项卡中单击"边框"按钮，然后按住鼠标左键拖曳到轨道 1 的第 2 张图片位置，即可为第 2 张图片添加边框效果。在轨道 1 的图片中单击"显示效果"按钮，可在图片中显示"边框"效果条,如图 8-21 所示。

　　在预览窗口中适度调整图片尺寸,使图片的尺寸小于预览窗口画布的尺寸。在打开的"边框"效果面板中设置边框参数,设置边框颜色为"灰色"、厚度为"8"。边框参数设置结果如图 8-22 所示。

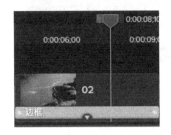

图 8-21　为第 2 张图片添加了边框效果条　　　　图 8-22　在"边框"效果属性面板中设置边框参数

　　用鼠标将播放头滑块拖曳到轨道上第 2 张图片的开始位置,单击"播放"按钮,可在预览窗口中浏览图片及其边框效果,其效果如图 8-23 所示。

图 8-23　预览设置边框效果的图片

　　选择"文件"菜单的"保存"命令,保存图片 2 所添加的边框及参数设置。

　　(6)为轨道 1 上的第 3 张图片设置着色视觉效果。

　　在"视觉"选项卡中单击"着色"按钮,然后按住鼠标左键拖曳到轨道 1 的第 3 张图片位置,即可为第 3 张图片添加了着色效果。在轨道 1 的图片中单击"显示效果"按钮,可在图片中显示"着色"效果条,如图 8-24 所示。

　　在"着色"效果面板中设置着色颜色为"绿色"、量为"100%"、淡入为"1.00s"、淡出为"1.00s",着色参数设置结果如图 8-25 所示。

　　可在预览窗口中预览未设置着色效果的原始图片,如图 8-26 所示。用鼠标将播放头滑块拖曳到轨道上第 3 张图片的开始位置,单击"播放"按钮,可在预览窗口中预览图片及其着色效果,如图 8-27 所示。该图片在播放时,起初显示的是该图片的原始颜色,但在 20 秒内慢慢变为以所设定绿色为主的颜色,该图片在播放结束的 10 秒内,又会慢慢恢复到媒体元素的原始颜色。

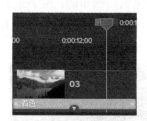

图 8-24　为第 3 张图片添加着色效果条　　　　图 8-25　在"着色"效果属性面板中设置着色参数

图 8-26　预览未设置着色效果的原始图片

图 8-27　预览设置着色效果的图片及着色效果

单击"文件"菜单的"保存"命令，保存图片 3 所添加的着色及参数设置。

（7）为轨道 1 上的第 4 张图片设置颜色调整视觉效果。

在"视觉"选项卡中单击"颜色调整"按钮，然后按住鼠标左键拖曳到轨道 1 的第 4 张图片位置，然后松手，即可为第 4 张图片添加了颜色调整效果。在轨道 1 的图片中单击"显示效果"按钮，在图片中显示"颜色调整"效果条，如图 8-28 所示。

在打开的"颜色调整"效果面板中，设置颜色调整亮度为"80"，对比度为"260"，饱和度为"-100"，淡入为"1.00s"，淡出为"1.00s"，其参数设置结果如图 8-29 所示。

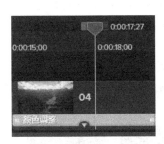

图 8-28　为第 4 张图片添加了颜色调整效果条　图 8-29　在"颜色调整"效果属性面板中设置颜色调整参数

可在预览窗口中预览未设置颜色调整效果的原始图片，如图 8-30 所示。用鼠标将播放头滑块拖曳到轨道上第 4 张图片的开始位置，单击"播放"按钮，可在预览窗口中预览设置颜色调整的效果，如图 8-31 所示。

图 8-30　预览未设置颜色调整效果的原始图片

图 8-31　预览设置颜色调整的效果

单击"文件"菜单的"保存"命令，可保存图片 4 所添加的颜色调整及参数设置。

（8）为轨道 1 上的第 5 张图片设置删除颜色视觉效果。

在"视觉"选项卡中单击"删除颜色"按钮，然后按住鼠标左键拖曳到轨道 1 的第 5 张图片位置，即可为第 5 张图片添加删除颜色效果。在轨道 1 的图片中单击"显示效果"按钮，可在图片中显示"删除颜色"效果条，如图 8-32 所示。

在打开的"删除颜色"效果面板中，设置颜色为"黄色"，即删除了橘黄色（其值为 #FF8000）、可接受范围为"34%"、柔软度为"10%"、色相为"15%"、边缘修正为"5%"，删除颜色参数设置结果如图 8-33 所示。

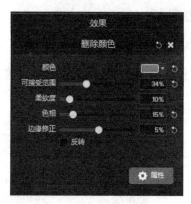

图 8-32　为第 5 张图片添加删除颜色效果条　图 8-33　在"删除颜色"效果属性面板中设置删除颜色参数

可在预览窗口中预览未设置删除颜色效果的原始图片，如图 8-34 所示。将播放头滑块拖曳到轨道上第 5 张图片的开始位置，单击"播放"按钮，可在预览窗口中浏览设置了删除颜色效果的图片及其删除颜色效果，如图 8-35 所示。

图 8-34　预览未设置删除颜色效果的原始图片

选择"文件"菜单的"保存"命令，可保存图片 5 所添加的删除颜色及参数设置。

（9）为轨道 1 上的第 6 张图片设置设备框架视觉效果。

在"视觉"选项卡中单击"设备框架"按钮，然后按住鼠标左键拖曳到轨道 1 的第 6 张图片位置，即可为第 6 张图片添加设备框架效果。在轨道 1 的图片中单击"显示效果"按钮，可在图片中显示"设备框架"效果条，如图 8-36 所示。

图 8-35　预览设置删除颜色效果的图片

在打开的"设备框架"效果面板中选择设备框架类型，在"类型"下拉列表框中选择"MacBook Pro"选项，设备框架设置结果如图 8-37 所示。

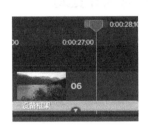

图 8-36　为第 6 张图片添加了设备框架效果条　图 8-37　在"设备框架"效果属性面板中选择设备框架类型

可在预览窗口中预览未设置设备框架效果的原始图片，如图 8-38 所示。用鼠标将播放头滑块拖曳到轨道上第 6 张图片的开始位置，单击"播放"按钮，可在预览窗口中浏览设置了设备框架效果的图片及其设备框架效果，如图 8-39 所示。

图 8-38　预览未设置设备框架效果的原始图片

图 8-39　设置了设备框架效果的图片

选择"文件"菜单的"保存"命令，保存图片 6 所添加的设备框架及参数设置。

（10）生成并分享视频。

单击"分享"按钮，在其下拉菜单中选择第 1 种方式"本地文件"，弹出"生成向导"界面，然后按提示进行操作即可生成视频。

【任务 8-3】　使用"删除颜色"视觉效果实现视频抠像

【任务描述】

（1）在 Camtasia Studio 编辑窗口中，导入视频"踢足球的小孩"。

（2）将视频"踢足球的小孩"的背景色抠除。

【任务实施】

（1）将视频文件导入媒体箱中。

将视频文件"踢足球的小孩"导入媒体箱中。

（2）将视频"踢足球的小孩"添加到轨道上。

单击视频"踢足球的小孩"，然后按住鼠标左键拖曳到"轨道 1"的位置。

（3）切换到"视觉"选项卡。

单击"视觉"按钮，切换到"视觉"选项卡。

（4）为轨道上的视频删除背景颜色。

在"视觉"选项卡中单击"删除颜色"按钮，然后按住鼠标左键拖曳到轨道 1 的视频上，即可为视频添加删除颜色效果。在轨道 1 的视频中单击"显示效果"按钮，可在视频中显示"删除颜色"效果条。

在打开的"删除颜色"效果面板中单击"颜色"右侧的下拉箭头，打开"颜色器"对话框，在该对话框中选择"从图像中选择颜色"工具，如图 8-40 所示，然后用鼠标单击视频画面上的蓝色区域，此时视频中的蓝色被隐藏。

在"删除颜色"效果面板中设置删除颜色参数，设置可接受范围为"30%"、柔软度为"6%"、色相为"8%"、边缘修正为"0%"，删除颜色参数设置结果如图 8-41 所示。经过上述操作，就会把原来视频的背景色（蓝色）抠除，通常使用此方法制作有教师出镜授课的视频。

图 8-40　在"颜色器"对话框中选择
"从图像中选择颜色"工具

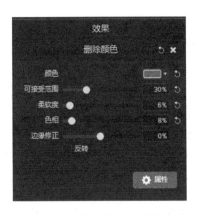

图 8-41　在"删除颜色"效果属性面板中
设置删除颜色参数

预览未删除背景颜色的原始视频画面如图 8-42 所示，用鼠标将播放头滑块拖曳到轨道上的开始位置，单击"播放"按钮，可在预览窗口中，预览删除背景颜色的视频效果，如图 8-43 所示。

图 8-42　预览未删除背景颜色的原始视频画面

图 8-43　预览删除背景颜色的视频效果

（5）保存视频项目。

选择"文件"菜单的"保存"命令，打开"另存为"对话框，输入文件名"去除视频背景颜色"，然后单击"保存"按钮即可。

（6）生成并分享视频。

单击"分享"按钮，在其下拉菜单中选择第 1 种方式"本地文件"，打开"生成向导"界面，然后按提示进行操作即可生成视频。

【自主训练】

【任务 8-4】　为多张"泸沽湖美景"图片设置视觉效果

【任务描述】

创建 Camtasia Studio 项目"设置泸沽湖美景图片的视觉效果"，为 5 张图片设置视觉效果。

（1）为第 1 张图片设置边框视觉效果。

要求设置边框颜色为"#425CFB"、厚度为"6"。

（2）为第 2 张图片设置颜色调整视觉效果。

要求设置颜色调整亮度为"60"、对比度为"210"、饱和度为"-120"、淡入为"2.00s"、淡出设置为"2.00s"。

（3）为第 3 张图片设置着色视觉效果。

要求设置着色颜色为"#1B9D2C"、量为"100%"、淡入为"15.00s"、淡出设置为"5.00s"。

（4）为第 4 张图片设置删除颜色视觉效果。

要求设置颜色为"#002F5D"、可接受范围为"5%"、柔软度为"15%"、色相为"10%"、边缘修正为"5%"。

（5）为第 5 张图片设置阴影视觉效果。

要求设置角度为"0.0°"、颜色为"#F7AC08"、偏移为"23"、不透明度为"90%"、模糊为"4"、淡入为"2.00s"、淡出为"2.00s"。

单元 9 添加行为效果和指针效果

行为效果和指针效果是 Camtasia Studio 提供的为媒体元素添加特殊效果的重要方法，如使用指针效果可突出显示操作的菜单或按钮；合理地将行为效果运用于媒体元素上，能够制作出更具特色、富有动感的视频。

【知识梳理】

1．设置与管理媒体元素的行为效果

（1）行为效果概述。

行为效果是指给媒体元素添加的一种动画效果，包括媒体元素的进入、持续、退出等。行为效果主要用于图片、视频、动画类的媒体元素，不能用于音频媒体元素。

行为效果的设置通过"行为"选项卡、"行为"面板和轨道合作实现，从"行为"选项卡中把某一种行为添加到轨道的某一段媒体元素上，此时"属性"面板中会打开"行为"属性面板。

添加到媒体元素上的每个行为效果，在轨道上都呈现为一个红色的行为效果条。行为效果条的开始位置、结束位置不可改变，其伴随整个媒体元素的播放而播放。这一点与视觉效果不同，视觉效果的播放开始位置、结束位置都是可调整的。

（2）"行为"选项卡。

选择"行为"命令，切换到"行为"选项卡，如图 9-1 所示。

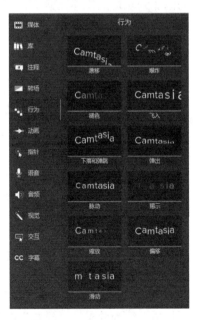

图 9-1 "行为"选项卡

该选项卡的"行为"列表区域列出了 Camtasia Studio 预设的 11 种行为效果：漂移、爆炸、褪色、飞入、下落和弹跳、弹出、脉动、揭示、缩放、偏移和滑动，各种行为效果的功能描述如表 9-1 所示。这些行为效果均包括进入、持续、退出 3 种行为方式，也称为进入动画、持续动画和退出动画。Camtasia Studio 为每一种行为效果的每种方式都设置了默认的参数值。

表 9-1 Camtasia Studio 预设的 11 种行为效果的功能描述

行为效果名称	功 能 描 述
漂移	使媒体元素按照其设定的默认参数以漂移的方式进入与退出，播放时以默认参数值方式持续播放
爆炸	使媒体元素进入、退出时，产生爆炸效果
褪色	使媒体元素进入、退出时，颜色效果产生渐变
飞入	使媒体元素进入、退出时，从某一个方向飞入

续表

行为效果名称	功 能 描 述
下落和弹跳	使媒体元素进入、退出时，从某一个方向掉落并产生弹跳效果
弹出	使媒体元素进入、退出时，从某一个方向弹出
脉动	使媒体元素进入、退出时，像脉搏一样地周期运动或变化
揭示	使媒体元素进入、退出时，产生慢慢进入、慢慢退出的动画效果
缩放	使媒体元素进入、退出时，放大进入、缩小退出
偏移	使媒体元素进入、退出时，以偏移方式进入与退出
滑动	使媒体元素进入、退出时，以滑动方式进入与退出

在"行为"列表区域，将鼠标移动到某一种行为效果上，此时该行为周围会出现黄色方框线并且呈现预览效果。

（3）添加行为效果。

在"行为"选项卡中，从"行为"列表区域选择某种行为，使用鼠标拖曳的方法把该行为添加到轨道的媒体元素上，轨道的媒体元素上就会显示出红色的行为效果条。

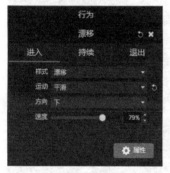

图 9-2 "行为"效果面板

（4）"行为"效果面板与"行为"效果条。

添加于轨道媒体元素上的行为效果，会在轨道上自动显示一个"行为"效果条，双击该行为"效果条"，在"属性"面板中打开"行为"效果面板，"行为"效果面板包括进入、持续、退出 3 个选项卡，分别用于设置其行为方式的参数，如图 9-2 所示。

"进入"行为效果是指媒体元素进入时以某种行为方式进入，不同行为的进入动画参数不同，基本包括样式、运动、方向、速度、反弹、张力等。"样式"决定着媒体元素进入的样式效果；"运动"决定着媒体元素进入的运动效果；"方向"决定着媒体元素进入的方向；"速度"用于调节媒体元素进入的速度。有些行为效果还需要设置反弹、张力等参数，大部分参数右侧都有一个水平滑块，各参数的设置根据需要从列表框中选择或拖曳滑块来设置即可。

"持续"行为效果是指媒体元素以某种行为方式播放，不同行为的持续效果参数不同，而且同一行为效果的"样式"参数不同，其"持续"行为效果的参数也不同。

"退出"行为效果是指媒体元素以某种行为方式退出。不同行为的退出效果参数不同，但基本包括样式、运动、方向、速度 4 种参数。

（5）选择媒体元素上的一个或多个行为效果。

用鼠标单击轨道媒体元素上的行为条，可选定一个行为效果，此时效果条变为黄色。按住"Ctrl"键同时单击多个行为效果条，则可选定多个行为效果。

（6）删除行为效果。

用鼠标单击轨道媒体元素上的效果条，在弹出的快捷菜单中选择"删除"命令，则可删除所选的效果；在轨道上选定添加行为效果的媒体元素，并且单击右键，在弹出的快捷菜单中选择"删除"→"所有效果"，则可删除该媒体元素上所有的行为效果。

（7）复制与粘贴行为效果。

在轨道上选定添加了行为效果的媒体元素，并单击右键，在弹出的快捷菜单中选择"复制所选效果"命令，可将该行为效果放入剪贴板中。在轨道上选定添加了行为效果的媒体元素，并单击右键，在弹出的快捷菜单中选择"复制效果"命令，可将该媒体元素上的所有行为效果都被复制。

粘贴行为效果只需要在轨道中的媒体元素上单击右键，并在弹出的快捷菜单中选择"粘贴效果"命令即可。

2．设置与管理媒体元素的指针效果

给录制的视频添加指针效果，尤其是录制针对计算机的操作视频，使用指针效果能突出显示操作的菜单或按钮，可达到更好的效果。

（1）开启指针效果。

指针效果是指操作鼠标时，鼠标的指针形状、大小、效果，即单击时指针的大小、形状、效果。

指针效果在视频的运用是分两步实现的：第一步是开启指针效果并录制视频（开启指针效果的方法详见单元 2），指针效果开启后，所录制的视频对指针的操作进行了记录，视频中可看到不同指针的动画效果；第二步是在编辑录制的视频时，首先编辑指针的动画效果，然后再把指针动画效果应用到视频中，这样视频中指针的操作才会呈现出指针动画效果。

（2）"指针"选项卡。

选择"指针"命令，切换到"指针"选项卡，该选项卡包括"指针"（如图 9-3 所示）、"左键点击"（如图 9-4 所示）、"右键点击"（如图 9-5 所示）3 个子选项卡。

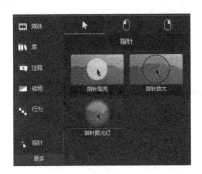

图 9-3　"指针效果"子选项卡

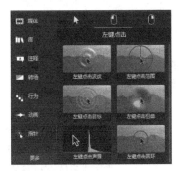

图 9-4　"左键点击"子选项卡

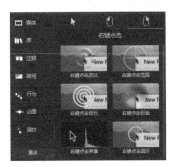

图 9-5　"右键点击"子选项卡

各种类型的指针效果及其参数含义如表 9-2 所示。

表 9-2　各种类型的指针效果及其参数含义

类　型	指针效果名称	相关参数及含义
指针效果	指针高亮	参数设置包括指针的颜色、不透明度、大小、柔软度、淡入、淡出。"颜色"指鼠标指针的颜色，默认为黄色；"不透明度"指鼠标颜色的透明程度，运用其右侧的水平滑块可调整不透明度的比例；"柔软度"指鼠标指针形状边缘的柔软程度，运用其右侧的水平滑块可调整数据的比例；"淡入"和"淡出"可分别设置鼠标进入或退出时渐渐进入效果和渐渐退出效果，运用其右侧的滚动文本框可调整淡入或淡出的时长（单位为秒）
	指针放大	参数设置包括指针的大小、缩放、阴影、柔软度、淡入、淡出。"大小"指指针尺寸的大小；"缩放"指在指针尺寸一定的情况下，其所包含范围的缩放程度，此比例值越大，缩放程度越大；"阴影"用于设置鼠标指针阴影的大小
	指针聚光灯	参数设置包括指针的颜色、大小、柔软度、饱和度、不透明度、模糊、淡入、淡出。"颜色"指鼠标指针范围以外画面的颜色；"饱和度"指鼠标指针范围以外画面颜色的饱和程度，当饱和程度的值为 0 时，视频画面的颜色为黑白色；"不透明度"指鼠标指针范围以外画面颜色的不透明程度；"模糊"指鼠标指针范围以外画面的模糊程度，数值越大，画面越模糊
左键点击指针效果	左键点击波纹	参数设置包括指针的大小、强度、持续时间、点击之前的显示效果。"大小"指鼠标左键点击时形成波纹尺寸的大小；"强度"指波纹呈现的强弱程度；"持续时间"指波纹从开始到结束的时间长度；若勾选"点击之前显示效果"复选项，则在鼠标左键点击之前出现波纹效果
	左键点击范围	参数设置包括指针的颜色、不透明度、大小、持续时间、点击之前显示效果。"左键点击范围"指针效果是一个带有十字线的圆圈，"颜色"是设置圆圈线条的颜色；"不透明度"指圆圈线条颜色的透明程度；"大小"指圆圈的尺寸大小
	左键点击目标	参数设置包括指针的颜色、不透明度、大小、圆环、持续时间、点击之前显示效果。"左键点击目标"指针效果是一个由多个同心圆组成的圆圈，"颜色"是设置该圆圈的线条颜色；"不透明度"是设置该圆圈线条颜色的透明程度；"大小"是设置该圆圈的直径；"圆环"是设置该圆圈的同心圆数量，其数值范围为 0～10
	左键点击扭曲	参数设置包括指针的大小、强度、持续时间、点击之前的显示效果。"左键点击扭曲"指针效果类似在柔软的物体上用手指按下，就会产生的扭曲效果。其中"强度"参数指扭曲程度的大小，其数值为 0～1
	左键点击声音	参数设置包括指针的点击声音、音量、点击声音预览。"点击声音"包括鼠标点击、触控板点击两个选项；音量通过右侧的水平滑块来调节鼠标点击时声音的音量大小；单击"点击声音预览"按钮，能够听到鼠标点击声音的实际效果
	左键点击圆环	参数设置包括指针的颜色、不透明度、大小、圆环宽度、持续时间、点击之前显示效果。"左键点击圆环"指针效果是一个由小渐渐放大的圆圈，"颜色"和"不透明度"都是设置该圆环线条颜色的参数；"大小"是设置圆环最终尺寸的大小；"圆环宽度"指圆环线条的粗细
右键点击指针效果	右键点击波纹	参数设置与左键点击指针效果相同，在此不赘述
	右键点击范围	
	右键点击目标	
	右键点击扭曲	
	右键点击声音	
	右键点击圆环	

（3）编辑指针效果。

首先从"指针"选项卡中把某一种指针效果添加到轨道的视频媒体元素上，此时该视频的轨道上会显示出指针效果条，单击某个效果条，可在"属性"窗口中显示对应的"指针效果"面板。在面板中可对指针效果进行参数设置，不同的指针效果参数有所不同。

添加到轨道视频上的指针效果通过"指针"效果面板编辑完成后，可在预览窗口播放视频，凡是鼠标点击的位置就会看到指针效果。

指针效果的操作同样包括选择、删除、复制、粘贴等，这些操作与行为效果的操作类似，在此不再赘述。

 【操作体验】

【任务 9-1】　设置与管理图片的行为效果

【任务描述】

（1）创建 Camtasia Studio 项目"设置与管理图片的行为效果"，将图片 01 和图片 02 导入媒体箱中。

（2）为图片 01 设置行为效果：行为类型为"漂移"、进入样式为"偏移"、运动为"反弹"、反弹为"40%"；设置持续效果样式为"脉动"、运动为"平滑"、缩放为"108%"，循环时间为"1.40s"、延迟为"0.50s"；设置退出效果为"滑动"、运动为"淡入-Quint"、方向为"右"、速度为"83%"。

（3）通过"复制所选效果"和"粘贴效果"命令，将图片 01 设置的行为效果一次性粘贴到图片 02 上。

（4）预览图片 01 和图片 02.jpg，观察两张图片设置的行为效果。

【任务实施】

（1）创建 Camtasia Studio 项目，并导入媒体。

创建 Camtasia Studio 项目，并以"设置与管理图片的行为效果"名称予以保存，然后将图片 01 和图片 02 导入媒体箱中。

（2）将图片添加到画布上。

在媒体箱中选择图片 01，然后按住左键拖曳到画布上。然后将图片 02 拖曳到画布上。此时图片 01 位于时间轴轨道 1 的播放头滑块位置，图片 02 位于时间轴轨道 2 的播放头滑块位置，调整两张图片的播放时间均为 5 秒。

（3）设置图片 01 的进入行为效果。

选择轨道 1 上的图片 01，在"行为"选项卡的"行为"列表区域中选择"漂移"行为，使用鼠标拖曳的方法把该行为添加到图片 01 上。

双击图片 01 的"漂移"效果条，在打开的"行为"属性面板"进入"选项卡中，设置进入效果的样式为"偏移"、运动为"反弹"、反弹为"40%"，如图 9-6 所示。

（4）设置图片 01 的持续行为效果。

将"行为"属性面板切换到"持续"选项卡，在该选项卡中，设置持续效果的样式为"脉动"、运动为"平滑"、缩放为"108%"、循环时间为"1.40s"、延迟为"0.50s"、勾选"无限循环"复选项，如图 9-7 所示。

图 9-6　在"行为"属性面板中设置图片的　　　　图 9-7　在"行为"属性面板中设置图片的
　　　　　进入行为效果　　　　　　　　　　　　　　　　持续行为效果

（5）设置图片 01 的退出行为效果。

将"行为"属性面板切换到"退出"选项卡，在该选项卡中，设置退出效果的样式为"滑动"、运动为"淡入-Quint"、方向为"右"、速度为"83%"，如图 9-8 所示。

图 9-8　在"行为"属性面板中设置图片的退出行为效果

（6）复制与粘贴行为效果。

在轨道 1 上选定图片 01，在其行为效果条"漂移"上单击右键，并在弹出的快捷菜单中选择"复制所选效果"命令，如图 9-9 所示，可将该"漂移"行为效果放入剪贴板中。

图 9-9　在行为效果条的快捷菜单中选择"复制所选效果"命令

在轨道 2 上选定图片 02，并单击右键，在弹出的快捷菜单中选择"粘贴效果"命令，这样就把图片 01 的全部行为效果复制给了图片 02，也就是说，图片 02 具有了图片 01 相同的行为效果。

在"文件"菜单中选择"保存"命令，可对项目进行保存。

（7）保存视频项目。

选择"文件"菜单的"保存"命令，打开"另存为"对话框，输入文件名为"设置与管理图片的行为效果"，然后单击"保存"按钮即可。

（8）预览图片及其设置的行为效果。

用鼠标将播放头滑块移到时间轴的 0 秒位置，然后单击"播放"按钮，即可在预览窗口中预览为两张图片设置的行为效果。

（9）生成并分享视频。

单击"分享"按钮，在其下拉菜单中选择第 1 种方式"本地文件"，打开"生成向导"界面，然后按提示进行操作即可生成视频。

【任务 9-2】　为视频"使用格式工厂转换视频格式"设置鼠标指针效果

【任务描述】

使用 Camtasia Studio 设置鼠标指针效果："指针高亮"和"左键点击声音"。

【任务实施】

（1）打开视频项目。

打开视频项目"使用格式工厂转换视频格式"，并导入媒体箱中。

（2）将视频"使用格式工厂转换视频格式"添加到轨道上。

在媒体箱中单击视频文件"使用格式工厂转换视频格式"，然后按住鼠标左键拖曳到轨道 1 的位置。由于开始录制"使用格式工厂转换视频格式"之前，开启了指针效果，录制视频时记录了指针的操作，因此在编辑视频时直接添加指针动画效果即可。

（3）添加"指针高亮"效果。

单击"指针"按钮，显示"指针"选项卡。

在轨道上选择需要添加指针效果的视频素材，然后在"指针"选项卡的"指针高亮"选项中，选择"添加到所选媒体"命令，如图 9-10 所示。

（4）添加"左键点击声音"效果。

在"指针"选项卡中，单击切换到"左键单击"选项卡，在轨道上单击选择需要添加指针效果的视频素材，然后在该选项卡的"左键点击声音"选项中，选择"添加到所选媒体"命令，如图 9-11 所示。

（5）保存设置的鼠标指针效果。

选择"文件"菜单的"保存"命令，打开"另存为"对话框，输入文件名"使用格式工厂转换视频格式设置鼠标指针效果"，然后单击"保存"按钮即可。

采用类似方法，可以设置指针放大效果或指针聚光灯效果，也可以设置左键单击和右键单击的效果。

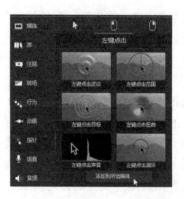

图 9-10　在"指针高亮"效果快捷菜单中选择　　　图 9-11　在"右键单击声音"效果快捷菜单中选择
　　　　　"添加到所选媒体"命令　　　　　　　　　　　　　"添加到所选媒体"命令

设置鼠标指针效果后，在轨道 1 中部下方会出现一个"显示效果"按钮，单击该按钮在轨道的视频素材下方会显示所有的鼠标指针效果，如图 9-12 所示。

图 9-12　在轨道上显示所有的鼠标指针效果

（6）生成并分享视频。

单击"分享"按钮，在其下拉菜单中选择第 1 种方式"本地文件"，打开"生成向导"，然后按提示进行操作即可生成视频。

【应用实战】

【任务 9-3】　为多张"新疆天山天池美景"图片添加不同的行为效果

【任务描述】

（1）将 11 张新疆天山天池美景图片导入媒体箱中。

（2）将媒体箱中的 11 张图片按顺序添加到时间轴的轨道 1 上。

（3）在以下 11 种行为中选择一种为图片添加特效：漂移、爆炸、褪色、飞入、下落和弹跳、弹出、脉动、揭示、缩放、偏移、滑动。

（4）以"新疆天山天池美景图片特效"为名称保存视频项目。

（5）生成与分享视频。

【任务实施】

（1）在 Camtasia Studio 编辑窗口导入媒体。

选择"文件"菜单的"新建项目"命令，新建一个项目，然后向媒体箱中分别导入 11 张新疆天山天池美景图片。

（2）将图片添加到轨道 1 上。

按住鼠标左键拖曳，分别将媒体箱中的 11 张图片按顺序添加到时间轴的轨道 1 上。依次在轨道1中选择每张图片，然后在预览窗口单击右键，并在弹出的快捷菜单中选择"缩放至适合"命令。

（3）显示"行为"选项卡。

单击"行为"按钮，显示"行为"选项卡，在该选项卡中包括11种行为，如图9-13所示。

（4）为每张图片添加行为特效。

选择轨道1并选定第1张图片，从"行为"选项卡中选择"漂移"行为，使用鼠标拖曳的方法将该行为添加到轨道1的第1张图片上，单击轨道1中第1张图片的"显示效果"按钮⬛，在轨道1图片下方显示行为名称"漂移"，如图9-14所示。

图9-13　"行为"选项卡　　　　　　　　　图9-14　轨道1上的图片与行为名称

单击轨道1上的"漂移"效果条，在打开的"行为"属性面板中设置该行为的进入、持续、退出的行为参数，如图9-15所示。

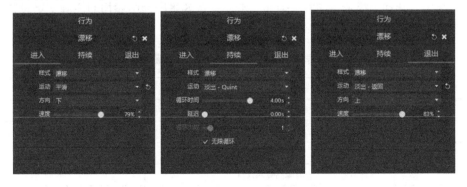

图9-15　设置"漂移"行为进入、持续、退出的参数

接下来依次为轨道1上的第2至第11张图片，分别添加以下行为：爆炸、褪色、飞入、下落和弹跳、弹出、脉动、揭示、缩放、偏移、滑动，并分别单击各张图片下方中部的"显示效果"按钮⬛，然后再单击行为效果条，在"行为"属性面板中分别设置该行为的进入、

持续、退出的行为参数。

轨道 1 上的 11 张图片设置行为后的效果如图 9-16 所示。

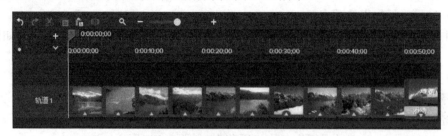

图 9-16　轨道 1 上的 11 张图片设置行为后的效果

（5）保存视频项目。

选择"文件"菜单的"保存"命令，打开"另存为"对话框，输入文件名为"新疆天山天池美景图片特效"，然后单击"保存"按钮即可。

（6）预览媒体。

用鼠标将播放头滑块拖曳轨道上开始位置，单击"播放"按钮，即可在预览窗口中浏览各张图片及行为效果。

（7）生成并分享视频。

单击"分享"按钮，在其下拉菜单中选择第 1 种方式"本地文件"，打开"生成向导"界面，然后按提示进行操作即可生成视频。

【任务 9-4】 为多张"新疆天山天池美景"图片中的注释文字添加行为特效

【任务描述】

（1）打开 Camtasia 项目"新疆天山天池美景"。

（2）使用以下行为为图片中的注释文字添加行为效果：漂移、爆炸、褪色、飞入、下落和弹跳、弹出、脉动、揭示、缩放、偏移、滑动。对各张图片中添加的注释文字设置的行为效果如表 9-3 所示。

表 9-3　对各张图片中添加的注释文字设置的行为效果

图 片 序 号	字 幕 内 容	行为效果名称
1	一池碧水入画来	漂移
2	松涛声声池畔美	爆炸
3	天山仙境逍遥游	褪色
4	雪峰高耸入云霄	飞入
5	波光十里碧玉池	下落和弹跳
6	湖畔黄花映眼帘	弹出
7	冰雪世界亦灿然	脉动
8	积雪灵峰一色白	揭示

续表

图片序号	字幕内容	行为效果名称
9	冬来素韵启嘉祥	缩放
10	古木萧萧皆墨色	偏移
11	雪峰不语有知音	滑动

（3）以"新疆天山天池美景注释文字特效"为名称保存视频项目。

（4）生成与分享视频。

【任务实施】

（1）打开 Camtasia 项目"新疆天山天池美景"。

选择"文件"菜单的"打开项目"命令，在弹出的"打开"菜单中选择"新疆天山天池美景"文件，然后单击"打开"按钮，即可显示"新疆天山天池美景"。

（2）显示"行为"选项卡。

选择"行为"命令，显示"行为"选项卡，在该选项卡中包括 11 种行为。

（3）为每张图片的注释文字添加行为特效。

选择轨道 2 并选定第 1 张图片的注释文字，从行为列表区选择"漂移"行为效果，使用鼠标拖曳的方法将该行为添加到轨道 2 的第 1 张图片的注释文字上，单击轨道 2 中第 1 张图片对应注释文字的"显示效果"按钮▲，显示行为名称"漂移"，如图 9-17 所示。

图 9-17　轨道 1 上的图片与
行为名称

单击轨道 2 上的"漂移"效果条，在打开的"行为"属性面板中设置该行为的进入、持续、退出的行为参数。

接下来为轨道 1 上的第 2 至第 11 张图片对应的注释文字，分别添加以下行为：爆炸、褪色、飞入、下落和弹跳、弹出、脉动、揭示、缩放、偏移、滑动，并单击轨道 2 上每张图片注释文字下方中部的"显示效果"按钮▲，然后单击行为效果条，在"行为"属性面板中分别设置进入、持续、退出的行为参数。

轨道 2 上的 11 张图片对应注释文字设置行为后的效果如图 9-18 所示。

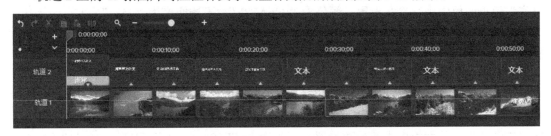

图 9-18　轨道 2 上的 11 张图片对应的注释文字设置行为后的效果

（4）保存视频项目。

选择"文件"菜单的"另存为"命令，打开"另存为"对话框，输入文件名"新疆天山天池美景注释文字特效"，然后单击"保存"按钮即可。

（5）预览媒体。

用鼠标将播放头拖曳到轨道上的开始位置，单击"播放"按钮，即可在预览窗口中浏览每张图片、注释文字及行为效果。

（6）生成并分享视频。

单击"分享"按钮，在其下拉菜单中选择第 1 种方式"本地文件"，打开"生成向导"界面，然后按提示进行操作即可生成视频。

【任务 9-5】　为视频"压缩文件视频"设置鼠标指针效果

【任务描述】

（1）创建 Camtasia Studio 项目"压缩文件与设置指针效果"，将"压缩文件视频"文件导入媒体箱中，且将其添加到轨道 1 上。

（2）设置指针效果为指针高亮，其参数设置：颜色为#06AF8F、不透明度为 75%、大小为 20、柔软度为 15%、淡入为 1.0s、淡出为 1.0s。

（3）设置左键单击效果为左键单击圆环，其参数设置：颜色为#FF0000、不透明度为 80%、大小为 20、圆环宽度为 0.50、持续时间为 1.25s。

（4）设置右键单击效果为右键单击目标，其参数设置：颜色为#425CFB、不透明度为 90%、大小为 5、圆环为 2、持续时间为 1.25s。

（5）预览视频文件，并观察设置的鼠标指针效果。

【任务实施】

（1）在 Camtasia Studio 编辑窗口导入媒体。

创建 Camtasia Studio 项目，并以 "压缩文件与设置指针效果"为名称予以保存，然后导入视频文件"压缩文件视频"到媒体箱中。

（2）将视频添加到轨道 1。

在媒体箱中选择视频文件"压缩文件视频"，然后按住鼠标左键将其拖曳到轨道 1 上。

（3）设置"指针"效果。

选定轨道 1 上的视频"压缩文件视频"，在"指针"选项卡的"指针效果"子选项卡中选择"指针高亮"效果，并用鼠标拖曳到轨道 1 的视频上，单击指针效果条，然后在"指针高亮"效果面板中进行参数设置：颜色为"#06AF8F"、不透明度为"75%"、大小为"20"、柔软度为"15%"、淡入为"1.0s"、淡出为"1.0s"。参数设置完成后的"指针高亮"效果面板如图 9-19 所示。

（4）设置"左键单击"指针效果。

选定轨道 1 上的视频"压缩文件视频"，在"指针"选项卡的"左键单击"子选项卡选择"左键单击圆环"效果，并使用鼠标拖曳到轨道 1 的视频上，单击指针效果条，然后在"左键单击圆环"效果面板中进行参数设置：颜色为"#FF0000"、不透明度为"80%"、大小为"20"、圆环宽度为"0.50"、持续时间为"1.25s"。参数设置完成后的"左键单击圆环"效果面板如图 9-20 所示。

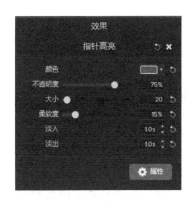

图 9-19　参数设置完成后的"指针高亮"
效果面板

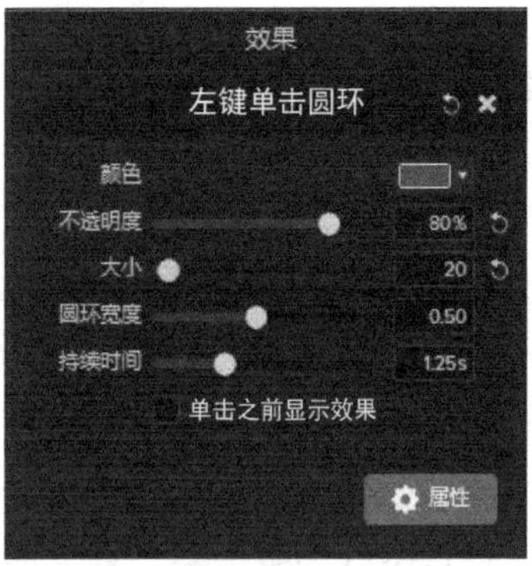

图 9-20　参数设置完成后的"左键单击圆环"
效果面板

（5）设置"右键单击目标"指针效果。

选定轨道 1 上的视频"压缩文件视频"，在"指针"选项卡
的"右键单击"子选项卡中选择"右键单击目标"效果，并使
用鼠标拖曳到轨道 1 的视频上，单击指针效果条，然后在"右
键单击目标"效果面板中进行参数设置：颜色为"#425CFB"、
不透明度为"90%"、大小为"5"、圆环为"2"、持续时间为"1.25s"。
参数设置完成后的"右键单击目标"效果面板如图 9-21 所示。

轨道 1 上添加了指针效果、左键单击指针效果、右键单击
指针效果的视频"压缩文件视频"如图 9-22 所示。

图 9-21　参数设置完成后的
"右键单击目标"效果面板

（6）保存视频项目。

选择"文件"菜单的"保存"命令，打开"另存为"对话框，输入文件名"设置压缩文
件视频的鼠标指针效果"，然后单击"保存"按钮即可。

图 9-22　轨道 1 上添加了多种指针效果的视频"压缩文件视频"

（7）预览视频及其设置的指针效果。

用鼠标将播放头滑动移到时间轴的 0 秒位置，然后单击"播放"按钮，在预览窗口中浏
览视频及其设置的指针效果。

（8）生成并分享视频。

单击"分享"按钮，在其下拉菜单中选择第 1 种方式"本地文件"，打开"生成向导"
界面，然后按提示进行操作即可生成视频。

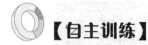

【任务9-6】　为多张"桂林漓江美景"图片添加不同的行为效果

【任务描述】

（1）将8张桂林漓江美景图片导入媒体箱中。

（2）将媒体箱中的8张图片按顺序添加到时间轴的轨道1上。

（3）在以下行为中选择一种为图片添加特效：漂移、爆炸、飞入、下落和弹跳、弹出、脉动、偏移、滑动。

（4）以"桂林漓江美景图片特效"为名称保存视频项目。

【任务9-7】　为视频"解压缩图片压缩文件"设置鼠标指针效果

【任务描述】

使用 Camtasia Studio 设置鼠标指针效果："指针放大"和"左键单击圆环"。

"指针放大"效果的属性参数设置要求：大小为45、缩放为160%、阴影为2、柔软度为18%。

"左键单击圆环"效果的属性参数设置要求：不透明度为100%、大小为45、圆环宽度为0.50、持续时间为1.25s。

单元 10　实现交互功能

如果画布上的媒体元素设置了"交互功能/热点"功能，在视频播放过程中，就可以运用该媒体元素的热点与热点链接实现视频的跳转。测验是指通过设置相关的测验题，检验视频的学习效果。

 【知识梳理】

1. 认知"交互功能/热点"面板

选择轨道上某个"交互功能/热点"的注释，单击轨道上的"交互功能/热点"效果条，就会在"属性"面板中打开"交互功能/热点"面板，该面板可以用来设置媒体元素的热点、热点链接跳转的位置。

"交互功能/热点"面板包含"结尾处暂停"、"URL"、"在新标签页中打开"、"标记"、"时间（分、秒、帧）"、"点击继续"和"测试"等内容，如图 10-1 所示。

"结尾处暂停"是指添加了热点的媒体元素播放完毕后，视频会暂停；"URL"是指链接网站地址，如果勾选"在新标签页中打开"复选框，则在视频中单击热点链接后，打开新的窗口浏览网页；"标记"后面有一个下拉列表框，编辑视频时如果为视频添加了若干标记，则这些标记会成为该列表框中的列表选项，选择其中一个标记，视频播放时，单击设置了热点的媒体元素，视频会自动跳转到该标记位置播放视频；"时间"后面有 3 个文本框，分

图 10-1　"交互功能/热点"效果面板

别用于设置时间的分、秒、帧，视频播放时，单击设置了热点的媒体元素，视频就会自动跳转到该时间处播放视频；"结尾处暂停"与"点击继续"二者配合使用，如果选中"点击继续"单选项，则视频每次停止播放时，只有设置热点的媒体元素，视频才会继续播放。

2. 显示与隐藏测验轨道

（1）显示测验轨道。

默认情况下，"测验"轨道处于关闭状态。

图 10-2　选择"测验"命令

打开"测验"轨道的方法有 3 种：一是按组合键"Ctrl+Q"；二是在"视图"菜单中选择"显示测验轨道"命令；三是先在时间轴左侧工具栏位置单击"显示或隐藏测验或标记轨道"按钮 ，如果此时打开的是"标记"轨道，则单击右侧小箭头，在弹出的下拉菜单中选择"测验"命令，如图 10-2 所示。

打开"测验"轨道时，不仅会在时间轴下方显示有"测验"轨道，而且所有加载了媒体的轨道上方均会显示出一条添加测验的区域，称为测验条，如图 10-3 所示。

图 10-3　"测验"轨道与媒体轨道上的测验条

（2）隐藏测验轨道。

隐藏"测验"轨道的方法主要有 4 种：一是按组合键"Ctrl+Q"；二是在"视图"菜单中选择"隐藏测验轨道"命令；三是在时间轴的"测验"轨道上（时间刻度下方）单击右键，在弹出的快捷菜单中选择"隐藏测验轨道"命令即可，如图 10-4 所示；四是在时间轴左侧工具栏区域单击"显示或隐藏测验或标记轨道"按钮  即可隐藏"测验"轨道。

图 10-4　选择"隐藏测验轨道"命令

3．操作测验

测验分为时间轴测验和媒体测验两种类型，时间轴测验是对所有轨道上的媒体均起作用，媒体测验只是对单一轨道上的媒体起作用。时间轴测验和媒体测验都显示为绿色标识。

时间轴的"测验"轨道是位于时间刻度下方的一条较窄的轨道，该轨道上只有测验标识，与其他轨道有所不同，测验轨道不可使用轨道命令对其进行操作。添加到时间轴上的测验，无论是否在其他轨道上对媒体进行移动、删除操作，都不会影响时间轴测验。

"媒体"测验添加在某一条轨道上，其实质是与该轨道上的媒体共用一条轨道，只是在轨道上方增加了一条测验条，用来承载测验标识。只要是在轨道上对媒体进行复制、粘贴、删除、组合等操作，都会对添加到该轨道上的媒体测验起作用。

（1）添加测验。

"测验"轨道处于关闭状态下，添加时间轴测验的方法有两种：一是在播放视频时，按组合键"Shift+Q"；二是用鼠标拖曳播放头滑块到某个位置，再按组合键"Shift+Q"，这样都会在播放头滑块所在位置添加一个时间轴测验标识。

"测验"轨道处于打开状态下，添加时间轴测验的方法是将鼠标悬停在测验轨道上并沿着测验轨道左右移动，会出现一个带有加号（+）的绿色圆与一条绿色直线标识，如图 10-5 所示，此时单击即可添加一个时间轴测验。

同样，在"测验"轨道打开状态下，添加媒体测验的方法是将鼠标悬浮在某个媒体轨道的测验条上，并沿着测验条左右移动，会出现一个带有加号（+）的绿色圆与一条绿色直线标识，如图 10-6 所示，此时单击即可在媒体轨道的测验条上添加一个媒体测验，如图 10-7 所示。

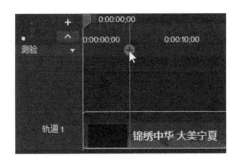

图 10-5　添加时间轴测验

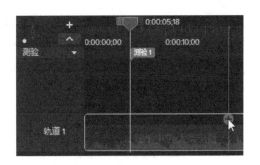

图 10-6　添加轨道媒体测验（1）

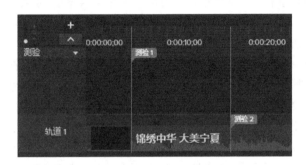

图 10-7　添加轨道媒体测验（2）

（2）重命名测验。

"测验"轨道处于打开状态下，选择要重命名的测验并单击右键，在弹出的快捷菜单中选择"重命名"命令，如图 10-8 所示。在"属性"面板中打开"测验 1-选项"选项卡，在该选项卡的"测验名称"后面的文本框中输入新的测验名称即可，如图 10-9 所示。

图 10-8　在快捷菜单中选择"重命名"命令

图 10-9　在"测验 1-选项"选项卡中更改测验名称

（3）移动测验。

使用鼠标选中某个测验（包括时间轴测验和媒体测验），按住鼠标左键沿着测验轨道或媒体轨道上的测验条左右拖曳，即可实现测验标识的移动。

（4）媒体测验和时间轴测验之间的相互转换。

媒体测验和时间轴测验之间可以相互转换。例如，将媒体测验转换为时间轴测验，将鼠标悬停于某个媒体测验标识上，沿着媒体测验的绿色线向上移动到测验轨道上，此时出现一个带有加号（+）的绿色圆与一条绿色直线的测验标识，单击就会将媒体测验转换为时间轴测验。

（5）删除测验。

在"测验"轨道处于打开状态下才能删除测验。删除一个测验的方法是选中要删除的测验并单击右键，在弹出的快捷菜单中选择"删除"命令或者直接在键盘上按"Delete"键。

删除所有时间轴测验的方法是在时间轴的"测验"轨道上（时间刻度下方）单击右键，在弹出的快捷菜单中选择"删除所有时间轴测验"命令，则会把全部时间轴测验删除。

4．编辑测验

（1）在"测验问题属性"选项卡中编辑测验问题及答案。

在"测验"轨道或媒体轨道的"测验条"上单击某个测验标识，并在"属性"窗口中打开"测验 1-问题"选项卡，该选项卡包括"类型"、"问题"、"答案"和"显示反馈"等内容，如图 10-10 所示。

"类型"包括多项选择题、填空题、简答题、判断题 4 种，可从其右侧的下拉列表框中选择。"问题"指要输入测验题的具体内容，可在其右侧的多行文本框中输入。"答案"指对所提问题给出的正确答案，可在右侧的文本框中输入。如果类型为多项选择题，则在每项答案前有一个单选按钮，按钮后面的文本框中能输入可选答案，在正确答案前单击该答案对应的单选按钮，多项选择题的答案选项的排列顺序可以通过单击右侧的箭头进行调整。如果为填空题，则在后面的文本框中输入正确答案。如果为判断题，则在正确、错误前各有一个单选按钮，选定判断题对应答案的单选按钮即可。如果为简答题，则不显示答案文本框。

在"显示反馈"复选框被选中时，"测验 2-问题"选项卡显示"如果正确""操作""如果不正确"和"操作"4 项参数的设置。"如果正确"右侧的文本框中可输入问题回答正确时的提示信息，在"如果不正确"右侧的文本框中可输入问题回答错误时的提示信息，两处"操作"右侧的下拉列表框中有 4 个选项："继续"、"转到网址"、"跳转到时间"和"跳转到标记"，根据需要选择即可，如图 10-11 所示。

图 10-10 "测验 1-问题"选项卡

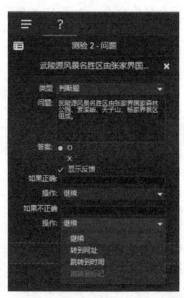

图 10-11 "测验 2-问题"选项卡

"添加问题"按钮用于添加一个新问题，当编辑完一个问题后，单击"添加问题"按钮，"测验问题"选项卡中会增添一个新问题编辑区域。

"测验问题"选项卡左上角的"预览测验外观"按钮用于打开测验预览窗口，对编辑的问题进行测验预览，如图 10-12 所示。

在测验预览窗口中选择或输入正确答案后，单击"提交答案"按钮，显示测验结果如图 10-13 所示。

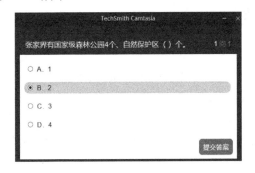

图 10-12 预览测验窗口

图 10-13 显示测验结果

在测验结果下方单击"查看答案"按钮，可显示测验答案，如图 10-14 所示。

（2）在"测验 1-选项"选项卡中进行测验的相关设置。

该选项卡包括测验名称、观众可查看测验结果、统计测验分数、预览 4 部分，见图 10-9。"测验名称"是指时间轴上的该测验名称，也是测验题目大类的名称，通过其右侧的文本框可以修改测验的名称。如果勾选了"观众可查看测验结果"复选项，则当预览视频时，在回答完测验题并提交答案后，会弹出询问对话框；如果没有勾选"观

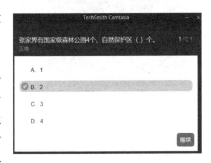

图 10-14 查看测验答案

众可查看测验结果"复选项，提交答案后，则不能查看正确答案。如果勾选了"统计测验分数"复选项，则可以统计答题总得分。"预览"按钮用于打开预览窗口进行预览。

视频中包含测验的生成与发布过程，浏览器的播放操作详见"任务 10-4"。

 【操作体验】

【任务 10-1】 应用"交互功能/热点"实现跳转

【任务描述】

（1）新建项目，并以"应用交互功能/热点实现跳转"为名称保存该 Camtasia Studio 项目。

（2）将视频"盐城黄海湿地——夏"导入媒体箱中，并将该视频添加到轨道 1 上，视频的播放时长为 34 秒 16 帧。

（3）在视频的 10 秒 21 帧处添加一个名为"标记 1"的标记，这是观看"白琵鹭"的标记点，在视频的 22 秒 25 帧处添加另一个名为"标记 2"的标记，这是观看"震旦鸦雀"的标记点。

（4）在视频的左上角添加两个文字标注，并且为这些文字标注添加"交互功能/热点"注释特效。

（5）设置"交互功能/热点"的属性，在播放视频过程中，单击热点"标记 1"可跳转到视频的"标记 1"的位置，单击热点"标记 2"可跳转到视频中的"标记 2"的位置。

（6）保存项目中的设置，生成并分享视频。

（7）在浏览器中播放视频，检验观看视频过程中使用鼠标单击热点"标记 1"和"标记 2"，视频是否会自动跳转到相应标注位置处播放。

【任务实施】

（1）新建 Camtasia Studio 项目。

在"文件"菜单中选择"新建项目"命令，新建一个 Camtasia Studio 项目。

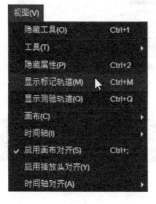

（2）保存 Camtasia Studio 项目。

选择"文件"菜单的"保存"命令，打开"另存为"对话框，在该对话框中输入文件名"应用交互功能/热点实现跳转"，然后单击"保存"按钮即可。

（3）导入视频。

把视频"盐城黄海湿地——夏"导入媒体箱中。

（4）将视频"盐城黄海湿地——夏"添加到轨道上。

从媒体箱中把视频拖曳到轨道 1 上，视频的播放时长为 34 秒 16 帧。

（5）显示标记轨道。

选择"视图"命令，并在弹出的下拉菜单中选择"显示标记轨道"命令，如图 10-15 所示。

图 10-15　选择"显示标记轨道"命令

（6）定位裁剪点。

用鼠标将播放头滑块拖曳到添加标记 1 的位置，然后利用视频操作工具中的"上一帧" ◀ 或"下一帧" ▶ 调帧按钮，准确定位到标记 1 的时间点为"0:00:10;21"。

（7）添加媒体标记。

在显示标记轨道状态下，将鼠标悬浮于轨道 1 上方的标记轨道，左右移动鼠标指针，此时会出现一个蓝色带有加号(+)的菱形标记图标和一条蓝色直线标识，在标记点"0:00:10;21"处单击即可创建媒体标记，在该轨道上边界显示为蓝色，并显示"标记 1"的字样。

按照同样的方法在标记点"0:00:22;25"处创建媒体标记 2。

（8）添加文字标注。

切换到"注释"选项卡，在该选项卡"标注"子选项卡的标注列表区域中把文字标注添加到轨道 2 上，调整该文字标注的播放时长与轨道 1 上视频的播放时长相同，即为 34 秒 16 帧。在画布上修改文字标注的文本为"标记 1"，调整其在画布上的大小、位置、文字颜色、字体等属性。

按照同样的方法将另一个文字标注添加到轨道 3 上，并修改文本内容为"标注 2"，调整其在画布上的大小、位置、文字颜色、字体等属性。调整该文字标注的播放时长与轨道 1 上视频的播放时长相同，即为 34 秒 16 帧。

在视频画面上添加了两个文字标注后的外观效果如图 10-16 所示。

（9）给文字标注添加"交互功能/热点"特效。

在"注释"选项卡的"特殊"子选项卡的特效列表区域中，把"交互功能/热点"特效添加到轨道 2 的文字标注上，同样给轨道 3 上的文字标注也添加一个"交互功能/热点"特效。调整两处"透明热点"的播放时长与轨道 1 上视频的播放时长相同，即为 34 秒 16 帧。

图 10-16　在视频画面上添加了两个文字标注后的外观效果

添加了视频、文字标注、"交互功能/热点"特效和媒体标记的多条轨道效果如图 10-17 所示。

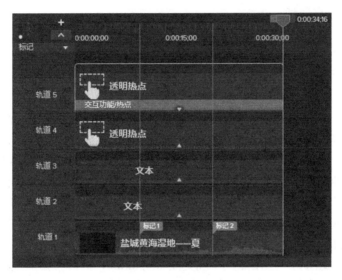

图 10-17　添加了视频、文字标注、"交互功能/热点"特效和媒体标记的多条轨道效果

（10）设置"交互功能/热点"的属性。

选择轨道 4 上的"透明热点"，单击"交互功能/热点"效果条，在"属性"面板中打开 "交互功能/热点"面板，选中"标记"单选项，并在其右侧的列表框中选择"标记 1"选项， 如图 10-18 所示。

选择轨道 5 上的"透明热点"，单击"交互功能/热点"效果条，在"属性"面板打开"交 互功能/热点"面板，在该属性面板选择单选按钮"标记"，并且在其右侧的列表框中选择"标 记 2"选项，如图 10-19 所示。

（11）保存视频项目的设置。

在"文件"菜单中选择"保存"命令，保存视频项目"应用交互功能/热点实现跳转" 的设置。

图 10-18　设置轨道 3 上的"透明热点"属性　　　图 10-19　设置轨道 4 上的"透明热点"属性

（12）生成并分享视频。

单击"分享"按钮，打开其下拉菜单，从下拉菜单中选择生成与分享视频的方式，这里单击选择第 1 种方式"本地文件"命令。打开"生成向导"界面，显示"生成向导"之"欢迎来到 Camtasia 生成向导"界面，在该界面的下拉列表框中选择"MP4 与 Smart Player（最大 1080p）"命令。

然后，单击"下一步"按钮，打开"您希望在哪里保存视频文件？"界面，在该界面中设置输出视频文件的项目名称为"中国风景片头"、存放的文件夹为"C:\教学素材\单元 10"等。

单击"完成"按钮，弹出"渲染项目"对话框，Camtasia Studio 开始对视频进行渲染，并显示视频的渲染进度。视频渲染完成后，生成文件夹、视频文件及其他多个文件，包括 HTML 文件"应用热点实现交互功能"和视频文件"中国风景片头"。同时显示"生成结果"界面，单击"完成"按钮即可。

（13）检验跳转功能。

在浏览器中浏览网页"应用热点实现交互功能.html"，同时开始播放视频，可以看到生成的视频中有视频导航目标，观看视频过程中使用鼠标单击热点"标记 1"和"标记 2"，视频就会跳转到相应标注位置播放，如图 10-20 和图 10-21 所示。

图 10-20　视频跳转到"标记 1"位置处播放

图 10-21　视频跳转到"标记 2"位置处播放

【任务 10-2】　为视频"张家界美景"添加测验操作

【任务描述】

（1）在 Camtasia Studio 编辑窗口中导入视频"张家界美景"。

（2）在视频"张家界美景"中添加且编辑 3 项测验。

【任务实施】

（1）在 Camtasia Studio 编辑窗口中导入媒体。

导入视频"张家界美景"。

（2）将视频添加到轨道上。

在媒体箱中单击视频"张家界美景"，然后按住左键拖曳到"轨道 1"的位置。

（3）显示测验轨道。

在"视图"菜单中选择"显示测验轨道"命令，如图 10-22 所示。

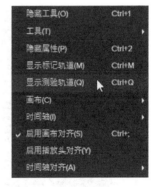

图 10-22　选择"显示测验轨道"命令

【提示】　可以直接按组合键"Ctrl+Q"，显示测验轨道。

（4）添加时间轴测验。

在测验轨道打开状态下，将鼠标指针悬停于媒体轨道的"测验条"上并移至"0:00:16;00"处，此时会出现一个带有加号（+）的绿色圆与一条绿色直线标识，单击即可创建一个名"测验 1"的媒体测验。按同样的方法在"0:01:04;00"处再添加一个名为"测验 2"的媒体测验。在视频结束位置添加一个名为"测验 3"的媒体测验。添加 3 个时间轴测验的结果如图 10-23 所示。

图 10-23　添加 3 个时间轴的媒体测验结果

（5）编辑测验题。

在测验轨道上选中"测验 1"并在其上单击右键，在弹出的快捷菜单中选择"编辑问题"命令，打开"测验 1-问题"窗口。

在"测验 1-问题"窗口的"类型"中选择"填空题"选项，并在"问题"右侧的文本框中输入以下试题题干：

张家界拥有（　　）、全球首批世界地质公园、中国第一个国家森林公园、中国首批 5A 级风景名胜区等"名片"。

在"答案"右侧的文本框中输入答案选项：

世界自然遗产

设置完毕，"选择题 1-问题"窗口如图 10-24 所示。

在测验轨道上选中"测验 2"并在其上单击右键，在弹出的快捷菜单中选择"编辑问题"命令，打开"测验 2-问题"窗口，在"测验 2-问题"窗口的"类型"中选择"判断题"选项，在"问题"右侧的文本框中输入以下试题题干：

武陵源风景名胜区由张家界国家森林公园、索溪峪、天子山、杨家界景区组成。

在"答案"区域右侧选择"O"单选按钮，设置完毕后，"测验 2-问题"窗口如图 10-25 所示。

 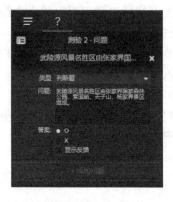

图 10-24　测验问题设置完毕的"测验 1-问题"窗口　　图 10-25　测验问题设置完毕的"测验 2-问题"窗口

图 10-26　测验问题设置完毕的"测验 3-问题"窗口

在测验轨道上选中"测验 3"并在其上单击右键，在弹出的快捷菜单中选择"编辑问题"命令，打开"测验 3-问题"窗口，在"测验 3-问题"窗口的"类型"中选择"多项选择题"选项，在"问题"右侧的文本框中输入以下试题题干：

张家界有国家级森林公园 4 个、自然保护区（　　）个。

在"答案"右侧的文本框中依次输入以下答案选项：

A. 1

B. 2

C. 3

D. 4

在"答案"区域选中"B.2"对应的左侧单选按钮。

设置完毕，"测验 3-问题"窗口如图 10-26 所示。

（6）保存视频项目。

在"文件"菜单中选择"保存"命令，打开"另存为"对话框，输入文件名"张家界美景视频中添加测验操作"，然后单击"保存"按钮即可。

（7）生成并分享视频。

单击"分享"按钮，在其下拉菜单中选择第 1 种方式"本地文件"命令，打开"生成向导"界面，然后按提示进行操作即可生成视频。

（8）在浏览器中播放带测验的视频。

生成视频后，可以在浏览器中观看带测验的视频"张家界美景视频中添加测验操作"。

 【应用实战】

【任务 10-3】　实现视频播放的跳转功能

【任务描述】

（1）创建 Camtasia Studio 项目，并导入 4 张若尔盖的美景图片。

（2）为图片设置"交互功能/热点"效果，实施视频播放过程中的跳转效果。

【任务实施】

（1）创建 Camtasia Studio 项目，并将图片导入媒体箱中。

创建 Camtasia Studio 项目，并以"实现视频播放的跳转功能"为名称予以保存，然后导入 4 张若尔盖的美景图片。

（2）将 4 张图片添加到轨道上。

在媒体箱中单击若尔盖的美景图片 02，然后按住鼠标左键拖曳到"轨道 1"的位置，依次将图片 03 和 04 都拖曳到轨道 1 上，再将图片 01 拖曳到轨道 2 上。

（3）设置图片播放时长。

图片 02、图片 03 和图片 04 的默认播放时长均为 5 秒，设置轨道 2 上的图 01 的播放时长为 15 秒。

（4）设置图片为缩略图状态。

调整图片 01 呈现为缩略图状态，并置于画布左上角，如图 10-27 所示。

图 10-27　位于画布左上角且呈现为缩略图状态的图片 01

（5）设置"交互功能/热点"效果。

在 Camtasia Studio 画布中，在图片 01 上单击右键，弹出快捷菜单"添加视觉效果"的子菜单，选择"交互功能/热点"命令，如图 10-28 所示，即可为图片 01 添加"交互功能/热点"效果。

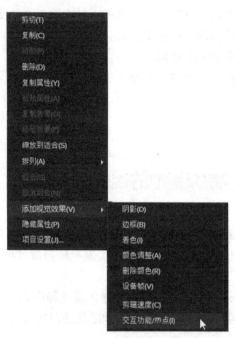

图 10-28　在"添加视觉效果"菜单的子菜单中选择"交互功能/热点"命令

在轨道 1 的图片中单击"显示效果"按钮，并在图片中显示"交互功能/热点"效果条，如图 10-29 所示。

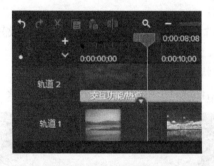

图 10-29　为图片 01 添加"交互功能/热点"效果条

在轨道 2 中单击选择图片 01.jpg 中的"交互功能/热点"效果条，并在打开的"交互功能/热点"效果面板中进行相关设置，勾选"结尾处暂停"复选框，调整播放头滑块的当前位置为"0:00:08;08"，在"交互功能/热点"效果面板中单击"当前位置"按钮，并在时间设置框中显示分为"0"、秒为"8"、帧为"8"，如图 10-30 所示。表示跳转到 8 秒 8 帧处播放。

【提示】　也可以直接在"分"文本框输入"0"，在"秒"文本框中输入"8"，在"帧"文本框中输入"8"。

图 10-30　在"交互功能/热点"效果属性面板中进行相关设置

在"交互功能/热点"效果面板中单击"测试"按钮，设置测试效果。在播放过程中图片 01 始终处于显示状态，如果在播放过程中单击该图片，视频则会跳转到 8 秒 8 帧处播放。

（6）保存视频项目。

选择"文件"菜单的"保存"命令，打开"另存为"对话框，输入文件名"实现视频播放的跳转功能"，然后单击"保存"按钮即可。

（7）生成并分享视频。

单击"分享"按钮，在其下拉菜单中选择第 1 种方式"本地文件"命令，打开"生成向导"界面，然后按提示进行操作即可生成视频。

（8）测试视频播放的跳转功能。

在浏览器中浏览网页"实现视频播放的跳转功能"，同时开始播放生成的视频"实现视频播放的跳转功能"。视频播放过程中，若单击左上角的缩略图，则会直接跳转到 8 秒 8 帧处继续播放，如图 10-31 所示。

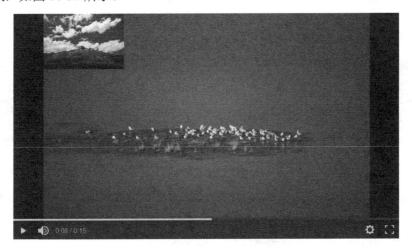

图 10-31　测试视频播放的跳转功能

【任务 10-4】 为视频"安全生产十大法则"添加测验操作

【任务描述】

（1）将视频"安全生产十大法则"导入媒体箱中。

（2）将"安全生产十大法则.mp4"视频分割成多个片段。

（3）为视频添加与编辑测验。

（4）发布与播放测验视频。

【任务实施】

（1）在 Camtasia Studio 编辑窗口中导入媒体。

导入视频"安全生产十大法则"。

（2）将视频添加到轨道上。

在媒体箱中单击视频"安全生产十大法则"，然后按住鼠标左键拖曳到"轨道 1"的位置。

（3）分割视频。

在轨道 1 上，移动播放头滑块到"0:00:38;08"处，然后单击"分割"按钮，将视频进行分割，分割位置 1 左侧的视频片段命名为"视频片段 1"。再一次移动播放头滑块到"0:01:21;23"位置，然后单击"分割"按钮，将视频进行再一次分割，分割位置 2 左侧至分割位置 1 之间的视频片段命名为"视频片段 2"，分割位置 2 右侧的视频片段命名为"视频片段 3"。

（4）显示测验轨道。

选择"视图"菜单的下拉菜单中的"显示测验轨道"命令。

【提示】 可以直接按组合键"Ctrl+Q"，显示测验轨道。

（5）添加时间轴测验。

在测验轨道打开状态下，将鼠标指针悬停于测验轨道上并移至"视频片段 1"与"视频片段 2"交界处，此时会出现一个带有加号（+）的绿色圆与一条绿色直线标识，单击即可创建一个时间轴测验。按同样的方法在"视频片段 2"与"视频片段 3"交界处再添加一个时间轴测验。并在"视频片段 3"后面添加一个时间轴测验。添加 3 个时间轴测验的结果如图 10-32 所示。

图 10-32   添加 3 个时间轴的测验结果

选中"测验 1"，并单击右键，在弹出的快捷菜单中选择"重命名"命令，打开"测验 1-选项"窗口，如图 10-33 所示，在该窗口中可重命名测验名称为"选择题 1"，勾选或取消"观众可查看测验结果"和"统计测验分数"复选项。

将"测验 2"重命名为"判断题 1"，"测验 3"重命名为"填空题 1"。

（6）编辑测验题。

在测验轨道上选中"选择题 1"并单击右键，在弹出的快捷菜单中选择"编辑问题"命令，打开"选择题 1-问题"窗口，如图 10-34 所示。

图 10-33 "测验 1-选项"窗口

图 10-34 "选择题 1-问题"的初始窗口

在"选择题 1-问题"窗口的"类型"中选择"多项选择题"选项，在"问题"右侧的文本框中输入以下试题题干：

（1）发现人员触电，首先应采取的措施是（　　　）。

在"答案"右侧的文本框中依次输入以下答案选项：

A．打 110

B．呼叫救护人员

C．切断电源或使伤者脱离电源

D．进行人工呼吸

设置完毕，"选择题 1-问题"窗口如图 10-35 所示。

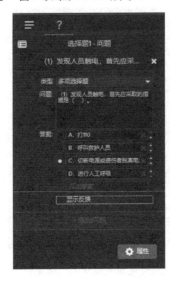

图 10-35 测验问题设置完毕的"选择题 1-问题"窗口

在测验轨道上选中"判断题 1"并单击右键，在弹出的快捷菜单中选择"编辑问题"命令，打开"判断题 1-问题"窗口，在其"类型"中选择"判断题"命令，在"问题"右侧的文本框中输入以下试题题干：

（1）试电笔、绝缘手套、绝缘鞋、带绝缘的钳子和螺丝刀是电工的基本安全用具。（　　）

在"答案"右侧选择"O"单选按钮。设置完毕，"判断题 1-问题"窗口如图 10-36 所示。

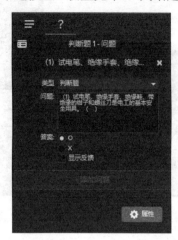

图 10-36　测验问题设置完毕的"判断题 1-问题"窗口

在测验轨道上选中"填空题 1"并单击右键，在弹出的快捷菜单中选择"编辑问题"命令，打开"填空题 1-问题"窗口，在其"类型"中选择"填空题"，在"问题"右侧的文本框中输入以下试题题干：

（1）当电气设备采用了超过（　　）V 的安全电压时，必须采取防直接接触带电体的保护措施。

在"答案"右侧的文本框中输入以下正确答案：24，

设置完毕，"填空题 1-问题"窗口如图 10-37 所示。

图 10-37　测验问题设置完毕的"填空题 1-问题"窗口

（7）保存视频项目。

单击"文件"菜单的"保存"命令，打开"另存为"对话框，输入文件名"安全生产十大法则视频中添加测验操作"，然后单击"保存"按钮即可。

（8）生成视频与发布测验。

单击"分享"按钮，打开"生成向导"窗口并单击"下一步"按钮，直到出现"测验报告选项"界面，该界面的设置内容包括"使用 SCORM 报告测验结果"、"通过邮件报告测验结果"、"访客认证"和"测验外观"4 部分，如图 10-38 所示。

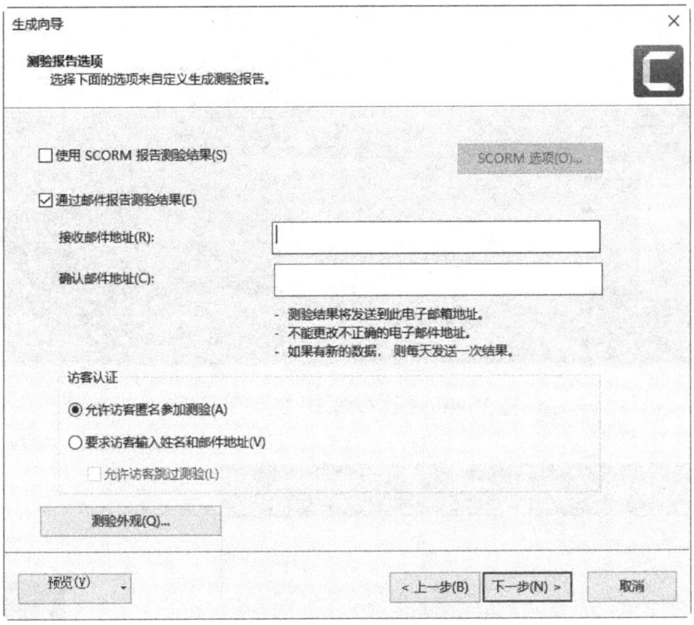

图 10-38 "生成向导"的"测验报告选项"界面

在"测验报告选项"界面中单击"测验外观"按钮，打开"测验外观"窗口，进行相关设置。继续单击"下一步"按钮，完成视频的生成与打包。

（9）浏览器中播放带测验的视频。

生成视频后，可以在浏览器中观看带测验的视频，由于生成的视频中包括 3 处测验，可以看到播放进度条上有 3 个白色圆点，分别代表 3 个测验，如图 10-39 所示。

图 10-39 播放进度条上的 3 个白色圆点

在浏览器中播放视频"安全生产十大法则视频中添加测验操作"，视频播放到"选择题1"的测验处，视频停止播放并弹出"重播最后一节"和"开始测验"两个选项，如图 10-40所示。当视频观看者单击"开始测验"按钮时，则会出现如图 10-41 所示答题窗口，视频观看者开始答题并单击"提交答案"按钮，进入如图 10-42 所示的"操作选项"窗口。

"操作选项"窗口提示观看者正确率为 100%，不正确率为 0%，同时询问观看者是查看答案，还是继续观看视频，如果观看者单击"查看答案"，则出现如图 10-43 所示的画面，给出正确答案并对观看者的答案进行判断；如果观看者单击"继续"按钮，则会继续播放视频。

图 10-40 "选择题 1"的测验页面

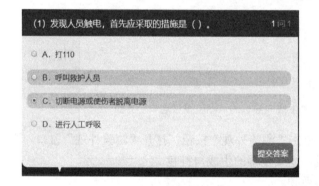

图 10-41 视频观看者答案窗口

图 10-42 "操作选项"窗口

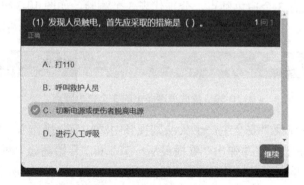

图 10-43 查看答案画面

在查看答案画面单击"继续"按钮，则会继续播放视频。

后面的两个测验操作方法同前所述。当整个视频播放完毕，观看者也完成了 3 个测验，测验结果将以邮件的方式发送至生成视频时设置的邮箱中。

【自主训练】

【任务 10-5】　为视频"大美宁夏"添加测验操作

【任务描述】

（1）将视频"大美宁夏"导入媒体箱中。

（2）在视频"大美宁夏"中添加与编辑 3 项测验。

根据以下介绍内容编辑测验题，问题类型可自选。

宁夏是中华文明的发祥地之一，历史上曾是东、西部交通贸易的重要通道，同样也有着古老悠久的黄河文明。

宁夏的沙坡头位于宁夏回族自治区中卫市城区西部腾格里沙漠的东南，这里集大漠、黄河、高山、绿洲为一处，是中国四大鸣沙之一。

宁夏的沙湖地处宁夏石嘴山市平罗县境内，距石嘴山市区 26 千米，距首府银川 56 千米。以自然景观为主体，沙、水、苇、鸟、山五大景源有机结合，构成了独具特色的秀丽景观。它是一处融江南秀色与塞外美景于一体的"塞上明珠"，既有大漠戈壁之雄浑，又有江南水乡之秀美，被誉为"世间少有"的文化旅游胜地。

参 考 文 献

[1] 于化龙. Camtasia Studio 9.1 详解与微课制作[M]. 北京：清华大学出版社，2018.

[2] 于化龙，沈婷婷，郝雨. Camtasia Studio 入门精要[M]. 北京：人民邮电出版社，2017.

[3] 方其桂. Camtasia Studio 微课制作实例教程[M]. 北京：清华大学出版社，2017.

[4] 张晓景. 微课设计与制作专业教程[M]. 北京：清华大学出版社，2017.

[5] 马九克. 常用信息化软件在教学中的深度应用[M]. 上海：华东师范大学出版社，2012.

[6] 张一春. 精品微课设计与开发[M]. 北京：高等教育出版社，2016.

反侵权盗版声明

  电子工业出版社依法对本作品享有专有出版权。任何未经权利人书面许可，复制、销售或通过信息网络传播本作品的行为，歪曲、篡改、剽窃本作品的行为，均违反《中华人民共和国著作权法》，其行为人应承担相应的民事责任和行政责任，构成犯罪的，将被依法追究刑事责任。

  为了维护市场秩序，保护权利人的合法权益，我社将依法查处和打击侵权盗版的单位和个人。欢迎社会各界人士积极举报侵权盗版行为，本社将奖励举报有功人员，并保证举报人的信息不被泄露。

举报电话：（010）88254396；（010）88258888

传　　真：（010）88254397

E-mail： dbqq@phei.com.cn

通信地址：北京市海淀区万寿路 173 信箱

     电子工业出版社总编办公室

邮　　编：100036